最好的学区房是你家的书房

[日]佐藤亮子 / 著

程雨枫 / 译

目 录

前 言 1

第1章 学习，是一场长期战 1

高考是对家长和孩子的严峻考验 3
要不要进六年一贯制私立中学？ 5
学习就要全力以赴 6
为什么一定要学习 7
考试是最公平的竞赛场 8
持久战越早开始越有利 9
保证充足的睡眠时间 11
意想不到的敌人——吹头发的时间 13
"不受逼迫"的孩子更幸福 15
笔记越"漂亮"越好吗 16

朋友之间的烦恼也需要大人关心　18

50 个便当盒　19

专栏　备考期间的饮食要讲究营养均衡　22

第 2 章　东京大学备考全记录　23

男孩女孩同等对待的育儿方针　25

喜欢公主故事的女孩　26

一岁开始学习早教课程　27

三岁学小提琴，四岁学游泳　28

最初的学习从客厅的矮桌开始　29

二年级开始上辅导班　30

曾经不会单位换算　31

三位免费家教　33

专栏　家教的严厉建议　35

高考也追随哥哥们的背影　36

突如其来的意外　37

参加暑期集训好还是在家做题好　38

做遍 100 年的历年试题　40

准备中心考试　41

集中精力准备二次考试　41

题目简单反而更担心　42

做真正的精英　44

信息收集最重要　45
用"同声传译法"回顾英语长篇阅读　48
靠颜值辨认历史人物　50
用化学习题集做的原创笔记本　51
大部头参考书可以拆开用　51

第3章　不叱责、不比较、做后援　53

家是孩子最幸福的回忆　55
孩子不是超人，所以才可爱　56
不叱责，勤表扬　58
关心孩子才能表扬得恰到好处　59
不比较，才能发现孩子的优点　60
孩子永远比家务更重要　63
不用为了"妈妈群"烦恼　64
滩校的同学妈妈们教给我的　66
妈妈爱找借口，孩子也爱找借口　67
家长的三个误解　68
要么0，要么100　71
工作好还是当全职妈妈好　72
只说"快点做""好好做"，孩子不会听　74
爸爸别说"我忙着呢""我累死了"　75

第 4 章　0-3 岁：激发孩子潜能　79

读一万本绘本，不要拒绝"再读一遍"　81

绘本不能乱写乱画吗　83

每天一本《哈利·波特》　84

唱一万遍童谣，让孩子接触美好词句　85

不能对别人说的话也不要对自己孩子说　87

培养兴趣爱好要适度　90

闲暇很重要，尽情玩耍才能更好成长　91

第 5 章　学龄前：让孩子爱上学习的好习惯　93

培养学习习惯也要找准时机　95

在玩耍中迈出学习的"第一步"，环境很重要　96

不用规定每天几点开始　98

巧用周末和暑假　100

学习习惯的养成得益于没有电视　101

不能着急，习惯要慢慢培养　101

用各种色彩和贴纸增添乐趣　103

用蜡笔或荧光笔调节心情　105

关于小孩子打扰大孩子学习的问题　106

说十遍"快收拾房间"，不如去百元店　106

八分轻松、两分挑战的辅导书效果最好　107

帮助孩子走上学习的正轨　108

第 6 章　小学低年级：基础的基础最重要　111

直到高考都要用到的基础技能：读、写、算　113

只用挂图很难学会假名　114

写好平假名的重要性　116

尝试多种风格的练习册　118

写不好片假名是家长没教好　120

专栏　假如我是老师，我会这样教　121

只要写好 0 ~ 9 就够了　123

用橡皮擦干净也是一种学习　123

十以内加法必须反复练到学会为止　124

十以内进位加法表　125

不熟练的加法可以贴墙上　126

进位加法在应用题中的作用　128

减法总算错？那是加法没学好　129

专栏　在浴缸里学数数　130

听 CD 提前学可以更轻松　131

江户时期的素读法效率高　132

孩子真的背会乘法口诀了吗　133

按照孩子的节奏一点点慢慢来　135

除法总算错？那是乘法没学好　136

基础练习题摞起来足有半米高　137

专栏　钟表和货币用实物学得更快　138

第 7 章　小学毕业前：别留短板和弱项　139

用"学习计划"来攻克弱项　141

弱项要从三年前的内容开始补　145

汉字第一次写时最重要　146

成语和谚语可以从报纸上找例句　147

阅读量并不与语文成绩直接挂钩　148

妈妈读题更有助于孩子理解应用题的含义　149

应用题也可以靠背诵提高解题能力　150

该背诵的内容要背牢　152

通过新闻了解现实社会问题　152

地图册要买五本　153

习题集可以贴上索引标签　154

错题是宝贝，只看不该错的就可以　155

可以上辅导班，但不能全靠辅导班　156

让孩子"给妈妈讲课"　157

第 8 章　初高中阶段：靠做题迅速提高成绩　159

重视小测验和期中、期末等定期考试　161

遇到瓶颈及早补救　162

英语先学句型　163

数学要记住解题模式　164

提高成绩靠做题，学懂了四成就去做题！ 165

学习时犯困说明方法不对 167

习题集无须按顺序做 167

换个笔记本，换个心情 169

不布置任务量，做够时间就可以 170

逐一攻克薄弱科目 171

一个科目连续学一周，让大脑更活跃 172

第9章 冲刺阶段：百发百中的复习规划和各科复习方法 175

高考复习是时间与学习量的博弈 177

提前复习完英语或数学，高三更轻松 181

先从英语语法开始，一套习题集买三本 183

每天50个高频单词，可以听着 CD 背 184

数学从数学Ⅱ开始，最初只抄答案就 OK！ 186

如何安排高三的暑假 187

社会可以从秋天开始复习 188

语文的复习方法 190

议论文要遵循出题思路，放下自己的观点 191

理科的复习方法 192

从秋天开始做历年真题 192

高考题只是换了个形式的基础题 193

"放弃"的重要性　194
备考不需要"手机""恋爱"和"求神拜佛"　196
有功夫谈恋爱，不如挑战更好的学校　197

后　记　201
出版后记　205

前　言

2017年3月，我的女儿考上了东京大学理科三类①。

这样一来，算上大儿子、二儿子和三儿子，我的四个孩子就全都考上了东大理科三类。

通过三个儿子的经历，我已经摸索出考上东大理科三类的一些心得，但陪伴女孩备考还是第一次，我对很多问题都不太有把握。得知她被顺利录取，我这颗悬着的心才总算放了下来。

每个考生拥有的时间都是相同的。备考就像一场战役，需要全力以赴，**谁能更高效地利用有限的时间提升实力，然后走进考场，在规定时间内做出正确答案，谁就能获得胜**

---

① 东京大学本科生入学后，前两年归入文科或理科一类至三类学科，从三年级开始进入院系学习专业知识。其中理科三类主要对接东大医学院，招生考试竞争也最为激烈。——译者注（后文如未特别注明，均为译者注）

利。考生们每天都要处于高强度学习状态，有时我觉得高考对女孩的考验尤为严峻。

我之所以这样说，首先是因为女孩的体力通常不如男孩，长达几个月甚至更长时间的集中复习有时可能会给她们的身心带来很大的负担。

我的三个儿子在高中期间也仍旧一直为社团活动投入大量精力，直到最后半年才收回心思集中复习，然后靠最后的冲刺考上东京大学。这种情况在男生当中可能比较常见。虽然每个孩子都不一样，但我感觉女孩子靠短期冲刺考上理想学校可能难度会更大一些。

与短期内的高强度冲刺式备考相比，女孩子更适合稳扎稳打地持久作战，在长期的学习过程中，逐步提升实力。无论对孩子来说，还是对家长来说，这种方法都会更轻松一些。

只要提前做好规划，按部就班地学好每一阶段的内容，女孩也完全可以在享受校园生活、发展兴趣爱好、讲究时尚打扮的同时，考上理想的大学。

本书介绍的学习方法也考虑到了很多女孩子的特有情况。当然，稳扎稳打、长期努力的方法对男孩女孩都是一样适用的。

前面三个孩子考上东大理科三类后，我接受了许多媒体采访，也受邀举办过讲座，其间回答过很多家长关于孩子学习方法方面的提问。

不少家长在提出具体问题后，还会顺便说一句"您的孩子肯定很聪明"。其实并不是这样。

我的四个孩子，每个人都有自己的弱项：有的算不好十以内加法，有的弄不懂单位转换，还有的英语怎么也得不了高分。他们能考上竞争激烈的名校，只不过是我与他们一起战胜了一个又一个的困难，一步一步地朝着目标不懈努力的结果。

还有不少人说，"我可做不到像你这样。"我想父母可能确实看不懂东京大学入学考试的数学题或物理题（我当然也看不懂），但谁都有能力教孩子掌握正确的书写方法，辅导孩子练习加法口算和背诵乘法口诀。

实际上，小学低年级阶段的学习内容非常关键，会影响到孩子在初中和高中的成绩，影响到他们能否考上心仪的大学，甚至影响到他们长大成人后的生活方式。

本书以幼儿时期到小学低年级阶段为中心，介绍了如何帮助孩子养成良好的学习习惯，也会介绍孩子在初中和高中阶段的学习方法。我既不是学校和辅导机构的老师，也不是教育学家，我只是从一个普通母亲的角度写下自己在辅导孩子过程中体会到的一些经验。

只要打牢基础，不论在小学，还是在初中或高中，孩子都能不断提高实力，在高考中发挥出最佳水平。考上东京大学也绝对不是梦。

每个孩子都希望自己能取得好成绩。常有人说"靠自己找到方法的过程也是一种学习""家长过度干涉会导致孩子事事依赖父母，无法自立"，这些说法真的有道理吗？

我觉得，如果孩子正为不擅长的科目苦恼，父母却对此不管不问，这样的情景实在太令人心痛了。**学习不是孩子一个人就能完全搞定的事**。孩子在努力学习的同时，也希望有人能在身边关心和帮助自己。

如果小朋友迟迟不能培养起学习的习惯，家长可以试着在练习题旁贴上可爱的贴画，为他营造出一个快乐学习的良好开端。如果发现孩子哪一门功课比较薄弱，家长也可以和孩子一起制定复习计划，重新学习这一学年的知识。

请家长一定要站在孩子的角度，陪伴他们走过这段成长历程。如果家长做到了这一点，孩子的成绩一定会有所提高，您也能从中体会到成就感。

陪伴四个孩子一路走来，我积累了很多经验，关于怎样才能帮助孩子考入理想学校，具体可以采取哪些方法，我有很多心得想分享给大家。

即使再有一个孩子，我也有信心把他或她送进东京大学。

通过陪伴女儿备考的经历，我发现自己这套方法也完全可以适用于女孩。我将在本书中介绍如何帮助孩子提高成绩、如何考入理想的大学。

这本书是我在不断摸索和尝试中总结出的集大成之作。如果能给您带来一点点启发，帮助您的孩子实现梦想，这便是我最大的荣幸。

第 1 章

学习,是一场长期战

 **高考是对家长和孩子的严峻考验**

高考就像一场比拼,最终要看谁能更好地利用有限的时间专心学习、提升实力,看谁能在考场上,在规定时间内赢得高分。

这是一个非常单纯的世界。分数是评价考生的唯一标准。

考生需要只凭借一支笔,只靠自己一个人的力量去开拓出一个全新的世界。

为了这场转瞬即逝的入学考试,考生需要在很长的时期内不懈努力、提高实力,以最佳状态迎接挑战。

此外,考试中还存在一些"赌"的性质。我们不知道今年会遇上哪类题,出题风格也可能不同于往年。如果拿到试卷时大脑一片空白,就等于已经出局。所以,考生在考前必须做足准备,确保万无一失。

面对这场严酷的考验,在我看来,男孩和女孩有时需要采取不同的策略。

首先，男孩和女孩在体力上就有差别。

在小学六年级小升初考试[①]前的假期，我帮三个儿子把复习日程安排得满满的，没有留出一天休息。但轮到女儿准备小升初时，我担心她身体吃不消，在盂兰盆节和最后一周都安排了休息。

其次，女孩子进入青春期后，身体方面也会出现变化，家长在和孩子沟通时要比对待男孩子更加注意方式方法，女孩子也更容易因为学校里的人际关系等问题而烦恼。

此外，还有一些女孩子不擅长理科，而国立和公立大学的文科类专业也要参加五科考试[②]，所以女孩子有时会处于不利地位。不过我女儿反倒是不擅长需要背诵的文科类科目，所以可见这一点也是因人而异。

---

① 日本公立初中一般无须考试即可就近入学，私立中学（通常为初高中六年连读）多会组织招生考试。日本学校的新学年从4月开始，到次年3月结束。
② 日本的"高考"——大学入学中心考试共包括6教科30科目，考生需要根据报考学校专业指定的科目参加考试。报考国立或公立大学的文科类专业大多需要参加包括理科在内的五科目考试。

 要不要进六年一贯制私立中学？

那么，该如何规划孩子的升学路线呢？

有些家长愿意为女孩子找一所气氛宽松而不是只顾追求成绩的学校，避开与男孩比拼分数的严酷竞争，这也不失为一个办法。

女儿准备小升初考试的那段时间，我也曾参加过一所中学的招生说明会。不过会上，我发现很多家长除了关心这所学校容不容易考上以外，还很关心这里的校服样式好不好看，上学路途的远近和校园氛围如何等。

这种情况与我的三个儿子小升初时的情形完全不同，那时大家都是一心只想着怎样才能拿到更高的分数。所以我十分吃惊，想不通这些家长为什么这么想给女儿穿上自己当年梦寐以求的校服。

当然，这也无可厚非。毕竟初中和高中的六年时间都在同一所学校度过，校服和路途远近自然也很重要。气氛宽松的学校更有利于孩子充分发挥自己的个性，选择初高中连读的一贯制学校也是一个不错的选择，这样孩子可以把精力重点投入自己擅长的领域。

 学习就要全力以赴

不过我最后的选择是：采取和男孩相同的培养方式，让女儿最大限度地发挥自己的实力，考上她能力所及的最好学校。

在日本，虽说已经有越来越多的女性参与各种领域的工作，但男权社会的本质依旧没有改变。我的女儿在大学毕业步入社会后，也有可能遭遇某种形式的性别歧视。那时，我希望她能具备不比任何人逊色的实力，勇敢地对抗歧视。

要让这个世界变得更美好，对任何行业和领域来说，女性特有的感性思维和参与都是必不可少的。

在这个存在歧视的世界上，**女性要想赢得一席之地，就不能因为是女性而放松对自己的要求**。可以说，高考是公平竞争的最后机会，无论男生女生都能放手一搏。我希望女儿在这场平等的战役中，用自己努力得来的分数赢得胜利。为此，我愿意为女儿投入比儿子更多的精力，把她培养成优秀的人。

 为什么一定要学习

在我看来，理想的社会必须能让男女都能找到自己的生存意义，彼此互助共存。

现代社会被称为男女共存社会，各行各业都能看到女性活跃的身影，然而日本女性直到1945年才获得选举权，也就是几十年前的事。20世纪又被称作"战争的世纪"，硝烟不断。我想，如果多一些女性视角，也许就能避免战争。就像家里既有父亲又有母亲，社会也同样需要男女双方的视角和思维方式。从这一点来看，也应该培养女孩，让她们能够成为自立自强的人。

无论什么时代，学习都很重要。

常有人说，孩子如果只顾学习就会变成不通人情世故的书呆子，但我相信，有了知识，人才能拥有逻辑思维，才能形成辨别善恶的能力。

知识还能让人生更充实。我的孩子们最敬爱的一位社会课老师曾经这样解释为什么要学习：

"学习历史是为了不再发动战争。再说，了解一些历史和地理知识，去旅游也能玩得更开心嘛。"

孩子们从这句话中体会到,学习不只是为了考试,知识在现实生活中也会有用武之地。

考试是最公平的竞赛场

无论男孩还是女孩,我都希望他们努力学习,但这并不意味着我要求女儿成为"女强人"或"职场精英"。

在孩子18岁之前,我会尽可能陪伴在他们身边,为他们辅导功课,想尽办法帮他们提高能力,但18岁之后的路,我认为应该交给孩子自由选择。

无论他们想当医生、想当学者,还是想去公司上班,想当家庭主妇或者是想当音乐家,对我来说全都没问题!

不过,在18岁之前,我希望孩子能专心提高自己的实力。

考试是一个公平的机制。今年(2017年)东京大学理科三类的101名新生当中,女生占了21名。这是根据考试成绩排名得出的结果。

在男性仍占优势的现代社会,考试体系不会优待女孩,但不论男女,只要成绩好就能被录取,走关系、送礼都行不通,让任何人都一目了然,极为简单和公平。

 **持久战越早开始越有利**

那么，怎样才能让体力与男孩相比处于不利地位的女孩子考上理想的学校呢？

第一是要花时间。

也就是要 提早开始，长线备考。

我的大儿子直到高三那年夏天都一直坚持参加校足球队的活动，二儿子初中时参加了校棒球队，三儿子则直到高二都在参加校乒乓球队的活动。他们都是从高一或高二才开始上针对高考的辅导班，应该算是短期冲刺式学习方式。

不过女儿则采用了持久战术。

哥哥们从小学四年级开始上小升初辅导班，女儿则是从二年级就开始上了。女儿的高考辅导班也是在她升入初中后就开始上的。

有些家长心疼孩子，觉得他们小小年纪就被送去上辅导班很可怜，其实不然。要考上理想的学校，需要学习的总量是固定的，有人用三年时间学完，有人用五年时间学完，那么后者每天的学习量其实要更少。所以备考应该提早开始，不要往后拖。

虽说是小升初辅导班，但二三年级阶段一般每周也就只去两次，这样可以让孩子一点点适应，先从习惯辅导班的生活开始。

还有一点，虽然不能一概而论，但似乎很多男孩子更适合短期冲刺式的学习方式。如果从初一就开始上高考辅导班，男孩子可能会半途懈怠，成绩上不去。我还常听说有的男孩子会在往返辅导班的路上养成乱逛、贪玩的坏习惯，最终到高考时因实力不够而落榜。

最近，媒体报道了一名原本不太学习的女生突然开窍，一路冲刺考进名牌大学的事例，一些家长可能因此而觉得女孩子也可以采取这种短期冲刺式的备考方式，但我觉得这种事例就是因为非常少见才会得到关注。而且这名女生参加的考试在科目数量等方面负担都比较小，如果打算报考考试科目较少的专业，或许也能从中得到一些启发。

对于东京大学等国立大学指定的五科考试来说，还是持久战更有优势。如果说考试带有不确定性，那么成功的法宝就是尽可能减少不确定性。只有稳扎稳打，付出日积月累的努力，才有能力沉着应对出乎意料的题目。

通常情况下，不只是升学考试，包括资格考试在内的所有考试都是这样。提早开始、长线复习要比临时抱佛脚更容易考出好成绩。

父母可以正面看待女生在高考中的体力劣势,把它视为适合"万无一失的持久战"的有利条件,让孩子提早开始学习和积累。

 **保证充足的睡眠时间**

女孩子不适合拼体力,所以我更注意女儿的身体健康,尤其是保证充足的睡眠。

其实,不论是男生还是女生,从脑科学的角度来说,熬夜学习都不是上策。充分休息会使大脑变得清醒活跃,学习效率也会更高。

有一些家长总批评孩子睡得太多,据说竟然有不少升学备考的孩子会对睡觉抱有负罪感。孩子一觉醒来,终于驱散了前一天的疲劳,可是如果再因为睡觉而挨骂,那他岂不是又要感到疲惫。

特别是对于正在长身体的小学生来说,睡眠尤为重要,所以我从来不会因备考而让孩子缩短睡眠时间。

成绩不是不睡觉熬出来的,而是头脑清醒时努力学出来

的。学习时集中注意力去学，学完就立刻上床睡觉。这才是健康的生活方式。

以下是我的孩子在小学阶段的就寝时间（男孩和女孩相同）。

小学一、二年级：晚上 9 点

三年级：晚上 9 点 30 分

四年级：晚上 10 点 30 分

五年级：晚上 11 点

六年级：晚上 11 点 30 分

初中和高中时期，由于儿子们的学校离家很远，每天需要早起，所以他们要在 0 点之前就寝。

女儿因为上学只要 1 个多小时且不用换乘，比哥哥们轻松一些，所以可以在 0 点 30 分之前就寝。如果她感觉比较累的话也可以早点休息，睡够 9 到 10 个小时，或者在周日一直睡到中午，总之要及时消除疲劳。

在帮孩子们规划日程时，我会把就寝时间作为一天的终点，倒推出学习的时间以及洗澡和吃饭的时间。

 **意想不到的敌人——吹头发的时间**

我的女儿特别爱美。她从高中时起,每次去药妆店都会买回发膜、压力袜等护发或美容产品来尝试。看到她和朋友们交流心得时总是一副十分开心的样子,我也就一直没有对此说过什么。

女儿尤其爱惜她的披肩发,洗澡时也是不紧不慢,也许因为洗头发总是小心翼翼的,她每次洗澡都要 40 分钟。从浴室出来,吹干头发做保养还要再花上 40 分钟。我在一旁观察,见她把发油一点点喷到头发上,用吹风机迅速吹干,接着又抹了些什么,然后还要细心地把头发按摩一遍才算结束。

共计 80 分钟。几个哥哥泡澡加上洗头也用不了一刻钟,女儿竟然要整整多花上 65 分钟!"有这 65 分钟的时间能做多少道题啊。"这可把我急坏了。

那么我会为了避免浪费时间,要求女儿把头发剪短吗?我不会。以耽误复习为由,强迫孩子剪短头发,这么做太不尊重孩子的个人意愿了,而且还会**打击孩子备考的积极性,适得其反**。

有一天，女儿对我说"头发柔顺漂亮，我学习就会更有动力"。我得知漂亮的头发对她来说如此重要，便决定尊重她的想法。不过学习也很重要，如何两全呢？

于是我在亚马逊上买了一个理发师专用的大风量吹风机，用了这个吹风机，吹头发的时间缩短了20分钟。

接下来还有洗澡时间。到了备考的冲刺阶段，女儿洗澡时照旧不慌不忙，最终我只好决定和她一起洗，帮她洗头发、搓背。等女儿考上大学离开家，估计我也很难和她一起洗澡了。这恐怕也是最后的机会。这样一来，女儿洗澡的时间也缩短了一半，只用20分钟就能洗好了。在最后冲刺阶段，我们每天成功节省出了40分钟的宝贵时间。

即使在备考期间，也不应该禁止孩子做他们想做的事，家长可通过改变工具或方法等方式来协调。这样不仅可以避免产生不必要的压力和浪费时间，在解决问题的同时又不会与孩子产生争执。

准备参加升学考试并没有必须这样或那样的一定之规。尊重每个孩子，定制和实行最适合他们的学习方式或许才是最好的。

 ## "不受逼迫"的孩子更幸福

每个孩子的个性都千差万别，这也是养育孩子的乐趣所在。

俗话说"三岁看老"，我们很难改变孩子的性格。慢性子的孩子做事永远慢条斯理，这种性格在与时间赛跑的备考过程中确实不占优势。不过提早开始复习便可以解决这个问题，而且理解了孩子独特个性之后，我们有时还可能会有新的发现。

慢性子不可能一下子改造成雷厉风行的急性子，就算把这样的孩子送到瀑布下面打坐修行，恐怕也改不了他的天性。

既然如此，我觉得家长就应该百分之百接纳孩子的个性，努力寻找能帮助他发挥个性优势的时间分配方式和学习方法。

逼迫孩子学习只会给他们带来痛苦。有些孩子即使考上理想的学校，也会由于丧失了热情而无法尽情享受校园生活，或者入学后无法进一步提高成绩。总之强迫孩子学习并不会带来好的结果。

在养育孩子的过程中,最重要的是细心观察,备考期间更要留意孩子的表情。

如果孩子脸上总带着笑,说明学习进展很顺利;相反,如果他闷闷不乐,总是很苦恼的样子,则说明方法不当,家长便应该帮孩子换一种学习方法。不改变学习方法,一味地督促孩子更加努力,只会把孩子逼到绝境。

让孩子学习准备升学考试本是为了他们将来能生活得更幸福,如果孩子因此而悲伤难过,岂不是本末倒置了吗?

笔记越"漂亮"越好吗

女孩子一般都喜欢漂亮可爱的东西,喜欢收集文具、挑选造型别致的笔盒。我的女儿也不例外。上小学时,她特别在意上辅导班时背的书包好不好看,一定要精挑细选找出自己最喜欢的款式。她的三个哥哥选书包时则更注重实用性,其次才是样式,让我不禁感慨女孩确实不一样。

女儿对文具也很讲究,她买来很多不同颜色的圆珠笔,高兴得不得了。

我觉得平时写便条或者记日记用五颜六色的圆珠笔倒也

无可厚非，但做学习笔记时，还是不要用太多颜色为好。

女孩子常常喜欢用各种颜色来区分不同标题，用马克笔划出重要知识点，最后把笔记装扮得比参考书还漂亮！这样的笔记容易给人一种大功告成的错觉，但实际上却使孩子忽视了对知识的记忆和理解。**笔记不过是学习时的备忘录，无须在形式上下太多功夫。**

课堂上一边听讲一边做笔记时，经常换用不同颜色的笔会浪费时间。

先是要想用什么颜色，然后还要拔下笔帽、盖上笔帽。这些时间里随时有可能错过老师讲的知识点。

我的女儿在辅导班上课时，会尽量在老师写完板书的同时记好笔记，所以她只用红、蓝、绿三种颜色的笔。这三支笔再加上自动铅笔，就是她的所有文具。由于老师讲课节奏很快，她总会事先把自动铅笔的芯按到正好的长度，圆珠笔也要摆在桌上，方便随时拿起来用。使用按动式三色圆珠笔的话，每次更换颜色都要浪费时间，所以她不用。像这样事先做好准备，需要时随用随取，就不会花费太多时间。

为了在有限的时间内集中精力学习，精简文具是最好的选择。

 朋友之间的烦恼也需要大人关心

女儿在和朋友相处方面没有遇到过什么麻烦,初中和高中都交到很多好朋友,愉快地度过了校园生活。不过我也听说有很多女孩会因朋友交往而烦恼,甚至影响到学习的情况。

这也许是女孩子特有的性格特征造成的。我家的三个男孩子和他们的朋友之间都是无话不说。也许是滩校[①]的校风使然,说到学习情况和考试成绩,他们也没有半点顾忌:

"我中心考试[②]才考××分,估计很悬啊。"

"我打算考××大学。"

"我没考上,得去复读学校了。"

他们不仅对自己的分数和想考的学校都彼此坦然相告,还会互相出出主意或者加油打气,"这部分知识该这么

---

① 滩校位于日本兵库县神户市,是一所初高中六年一贯制私立男校,设立于1928年,以自由校风为特征。
② 日本的高考分为两次进行。第一次是中心考试,是国立、公立和部分私立大学要求考生必须参加的全国统一考试,在每年一月份举行,类似于中国的高考。参加中心考试之后,考生还需要在二三月期间到自己报考的大学参加各校举办的二次考试,相当于中国一些大学的自主招生考试。

记。""你没考上啊？那在复读学校可要加油啊。"总之，他们的朋友之间一般沟通都很顺畅。

然而很多时候，女孩子之间似乎不能这样。

现在经常能听说有些孩子遇到校园霸凌问题，或者在线上的聊天群组中遭到排挤。在线聊天工具提供了更加私密的沟通环境，也往往更容易使问题复杂化。

有些麻烦或问题，孩子很难仅凭自己的力量解决。这种时候，家长应该态度坚决地介入其中。

我个人认为，中小学校应该在现有的每周1小时的"道德"课上讲一讲"互联网的使用方法和网络社交礼节"。老师应该借助报纸等媒体的信息，组织全班同学一起来讨论网络社交损害人际关系的可能性和实际发生的案例等。

这些超出孩子独立处理能力范围的问题，应该由所有大人一起来思考解决方案。

50个便当盒

我的儿子和女儿在中学六年期间，每天的午饭都是自己带的便当。

儿子们最关心的问题是"肉类菜品够不够多",而女儿则最关注好看的外形,还有要多放沙拉。

我的首要原则是便当里不放剩菜,只放孩子们爱吃的饭菜。

吃便当是孩子们午间休息时最放松和最期待的时光,所以我放的主要都是他们爱吃的菜肴。

如果打开便当盒,看到的是前一天剩下的晚饭,孩子们也会很失落,所以我一直坚持只给他们带新做的饭菜。

另外,为了女儿的便当盒,我也花了很多心思。

想到每天用上不同的便当盒会让她感到更多的新鲜感和乐趣,我找来各种造型和颜色的便当盒。 三个儿子不在乎便当盒是否可爱或者是什么颜色的,所以最多也就买了两三个,但也是因为可供女孩子选择的便当盒样式实在太多了,所以女儿中学六年期间,我买了大概能有 50 多个便当盒。

原本以为其他家可能也是这样,直到有一天女儿说"只有我每天都用不同的便当盒",我才发现买这么多便当盒的家长可能确实比较少见。

给孩子做便当也是我每天的一大乐事。可惜如今女儿上了大学,再也没有机会给她做便当了。不过我至今仍感到有些遗憾,因为本来一直想着她中学的最后一次便当一定带上我精心准备的豪华大餐,结果却因为太忙,只做了一份很敷衍的普通便当。现在回想起来，三个儿子的最后一份便当也都是炸鸡块或者煎鸡蛋卷等稀松平常的菜色。可能我的烹调水平也就是这样吧。

专栏　备考期间的饮食要讲究营养均衡

常有人问我都给孩子们准备什么饭菜。

孩子们常会带着饭团在往返辅导班的路上临时充饥，所以很容易蔬菜摄入不足。因此在家里吃饭时，我总是设法让孩子们多吃些蔬菜。生食蔬菜太多容易着凉，我一般会把蔬菜加到炖菜、火锅或者味噌汤里给孩子们吃。火锅特别适合让孩子多吃蔬菜。

日常饮食中很容易忽视鱼肉蛋白，所以我常会特意做一些鱼干以及其他鱼肉料理。

碳水化合物也是重要的营养来源，其中所含的糖分是维持大脑活动的唯一能量来源。所以我经常做很多小饭团放在桌子上给孩子们当晚间学习时的零食，他们都很爱吃。尤其是金枪鱼蛋黄酱和辣味明太鱼子的饭团最受欢迎。

第 2 章

东京大学备考全记录

 **男孩女孩同等对待的育儿方针**

我的女儿1998年出生,上面有三个哥哥。也许是因为什么事都有哥哥帮忙,她从小就慢条斯理,连吃饭也不紧不慢的。考前那段时间,我甚至暗地里想如果她能吃得快一点,就能节省出一些时间来做题了。

虽说是家中唯一的女孩子,但我对她的教育方法与对哥哥们基本上是相同的。我没有因为她是女孩而对她提出额外的要求,也没有因此而特别娇惯和溺爱她。女儿小时候也会与哥哥们一起玩拼图、打扑克和堆积木。

我的方针是在三岁前要给孩子读一万本绘本,唱一万遍童谣。这一点对女儿和她的哥哥们都是一样的(参见第81页)。

 喜欢公主故事的女孩

女儿唯一有一点与男孩子不一样的是,她特别喜欢有公主和王子出场的故事。

我买过的这类绘本有《灰姑娘》《白雪公主》和《睡美人》等。当初是想把所有名著都读给孩子们听而买来的,但哥哥们对这类故事完全没有任何兴趣。而对那些关于妖魔鬼怪的故事、包含打打杀杀等残忍情节的故事,他们则是一边显得很害怕,一边听得十分开心。听到《灰姑娘》的故事,儿子们都感觉很无聊,他们唯一感兴趣的公主类童话是《白雪公主》,可能是喜欢毒苹果的那段情节吧。

我的女儿则最喜欢《睡美人》中王子出场的情节,缠着我反复读了很多遍。我不禁感慨女孩子就是不一样。除此以外,女儿还喜欢关于汽车的绘本、冒险故事和妖怪故事,我全都会读给她听。

我家过去没有过家家的玩具,第一次买了一套送给女儿时,我看着她用玩具刀把尼龙搭扣的蔬菜水果切开玩做饭游戏的样子,心里曾经感叹果然女孩子爱玩这种游戏。

然而出乎意料的是,最痴迷于这套过家家玩具的竟然是

她的三个哥哥。很长一段时间里,他们都因为这套玩具得到了很多快乐时光。

一岁开始学习早教课程

女儿从一岁开始学习"公文式"早教课程。①

最初从拿着铅笔学习画圆圈和直线开始,算术从"+1"的计算不断循序渐进,书写方面也是从最简单的笔画开始练习。

那时候,她的三个哥哥分别是七岁、六岁和四岁。也许是因为从小就看着哥哥们做公文式练习,女儿顺理成章地养成了学习的习惯。

儿子们长大以后曾经说过,**"学习不能靠毅力硬拼,而是要像呼吸一样习惯成自然"**。女儿在这种学习环境中长大,她也像呼吸一样,自然而然地拿起铅笔写写画画。

儿子们开始上辅导班以后,我每天都要忙着接送他们。那时女儿还小,我总是把她和毛毯、布偶一起放在车上,带

---

① 公文式学习法由日本公文公创立,以因材施教和循序渐进为原则,旨在通过自学自习的方式开发孩子的学习潜能。

着她一起在学校和辅导班之间接送儿子们。

那时候,女儿甚至还说过自己住在车里。

在女儿三四岁时,有一天,我把车里平时播放的童谣CD换成了"乘法口诀歌",没想到她很快就会背了。

女儿背会乘法口诀只用了40分钟。这件事让我体会到,对孩子来说,"乘法口诀"也是一首普通的童谣,而不是功课。这样一来,她小学二年级学乘法口诀就用不着我操心了。

三岁学小提琴,四岁学游泳

我给女儿报的兴趣班和哥哥们一样,也是游泳和小提琴。家里孩子多,选择相同的课程,我就可以同时接送他们去上课了。随着孩子的身体不断成长,小提琴需要换成更大一些的尺寸,不过我家最大的孩子用过的小提琴还可以一个接一个地传下去,也算节省了一笔开支。

女儿除了这些之外,还从一年级开始学了钢琴。上了小学以后,有很多小朋友去学钢琴,女儿看到朋友们在学校弹钢琴的样子十分羡慕。可是再报一个兴趣班,我的负担就更重了。起初我还有些犹豫,但有一天看到女儿放着家里的钢琴不弹，偏要费力地边吹边弹口风琴，我觉得实在不忍心，便只给她额外报了钢琴班。

 最初的学习从客厅的矮桌开始

在养成学习习惯这一点上，我家具备先天优势。

和餐厅相连的客厅里，四张桌子放在一起，就成了完美的客厅学习环境。我们每天在客厅的被炉式餐桌上吃晚饭，旁边就是孩子们学习的桌子，哥哥们吃完饭就可以直接挪过去学习。在这样的环境中，孩子们一直把学习视为理所应当的事，没有任何抵触或厌烦的情绪。

顺便说说，我们用作被炉的矮桌也能对培养孩子们的学习习惯起到预热的作用。

孩子很难从一开始就适应坐在学习桌前学习的形式。

我家的孩子们除了最初学习写字的时期以外，其他功课都是可以靠在矮桌或靠垫上，甚至躺着学的。我重视的是学习的实质，而不是外在的形式。他们起初躺着或者歪着学，等到进入状态之后，自然就会坐到桌前了。

这种环境可以降低孩子们刚开始学习时心理上的门槛。

# 二年级开始上辅导班

哥哥们从小学四年级开始上升学辅导班，我选的是主校区在关西一带并在爱知县和冈山县也设有分校的浜学园（兵库县西宫市）。这个辅导班在东京及神奈川地区也有骏台浜学园分校。

我每次陪儿子们参加浜学园组织的说明会等活动时也会带上女儿，所以她很熟悉这里的氛围。后来我发现浜学园的教材和课程编排都很好，便打算把女儿也送到这里。正好女儿也想早点去浜学园上课，我就在她二年级时给她报了名。女儿上的是三年级课程，相当于跳了一级。

大儿子上小学时，我曾经对要不要让他上辅导班，要不要让他参加小升初考试十分犹豫，不过最后还是决定考考看。后来事实证明，**初高中六年连读的体系更有利于孩子们均衡学习，更为合理**。所以轮到女儿时，我很早就决定让她上辅导班，参加小升初考试。

让女儿从二年级就开始上辅导班，是考虑到她通过之前的公文式早教课程，已经学到一定程度，能力足以跟得上辅导班的进度。此外还有一个原因，其实在给哥哥们报辅导班

时，我并不知道还有跳级这种方法，所以也想趁这个机会尝试一下。再者，看着哥哥们上浜学园乐在其中，小女儿似乎也很想早点开始，我就给她提前报名了。

入学时跳一级的话，最后六年级的课程就要上两年。前一年有大一岁的哥哥姐姐们照顾女儿，第二年她和同龄的孩子们也相处得很好，所以这两年的六年级课程都很有意义。

第一次在辅导班上六年级课程时，女儿在最后的复习考试中竟然意外地拿了第一名。听说有个大她一岁的师哥笑着抱怨"这本来是我们大展身手的舞台，却让你给抢了风头，你说要怎么赔偿我们！"女儿听了急忙道歉，引得大家都笑了。现在想来也成了美好的回忆。

曾经不会单位换算

我家孩子们并不是不费一点力气就轻轻松松地考上大学的，他们在学习过程中也遇到过各种各样的难题。

女儿曾经做不好单位换算。

长度单位从 1 毫米到 1 厘米是十进制的，从 1 厘米到 1 米要多加两个 0，可从 1 米再到 1 千米却要多加三个 0。

计量体积的单位中，也有毫升和立方厘米两种说法，此外还有升和分升，孩子特别容易混淆。

针对这些难点，我和女儿反复做了很多练习题。

至于要做多少遍练习才够，我的答案是做到彻底会了为止。如果有人说"要做这么多啊"，那可能说明还不够。我的秘诀是，练习要做到让人难以置信的程度。

如果要做一万遍能学会，那就做一万遍好了。

对于知识的掌握程度，我和孩子从不会妥协。

此外，我还告诉女儿："你要意识到单位转换是自己的弱项，考试时就先在试卷空白处写下 1000 立方厘米 = 1 升，以便做题时可以随时参考。"

对于自己不擅长的问题，如果还想靠心算或瞎蒙得出答案，那么可能就永远也掌握不了这个难点。如果先在空白处写下换算公式，然后在解题时对照着做，就肯定不会错了。花一点时间把公式写下来，就能收获到非常可观的效果。

 三位免费家教

其实我的女儿学习有一个优势,就是她在做辅导班作业时如果遇到不会的题,可以随时向三个哥哥中的任何一人请教。也就是说,这相当于家里有三个家教。不过问哥哥有时候就免不了会挨训,所以对女儿来说,也算是有利有弊吧。

如果女儿请教大儿子,他会耐心地讲解,但讲完总会训斥一句:"要学会独立思考,尽量先把自己会的部分做完了,然后再来找我。"

二儿子也会细致地帮女儿解答问题,但之后也会不客气地建议:"这里不懂说明你的基础没有打好。你自己再好好复习一遍吧。"

三儿子更是有板有眼,讲题要从最基础的理论开始讲起,把只想赶快做完作业的女儿急得直跺脚。

不过,我的三儿子很喜欢讲课,有一次,他**用橡胶球给女儿讲解太阳和地球的关系,**我在一旁听他讲得特别浅显易懂,不禁暗自竖起大拇指。

这三个家教在女儿高考复习期间给她提供了很大帮助。女儿把模拟考试的结果在线发给身在东京的哥哥们,就会

接二连三地收到各种反馈,例如"这部分还需要再强化一下""这道题错得可惜了"等,对她的帮助很大。不过诸如"今天我们学校办文化节"等日常消息则常会被哥哥们直接忽略,女儿有时也会很失望。

专栏　家教的严厉建议

哥哥们最常教育妹妹的一句话是：不要为了省事而偷懒。

比如做应用题时，遇到相对比较简单的问题，女儿有时就不在纸上列式，而是直接心算出答案。这时哥哥们就会批评她不要为了省事而偷懒。这一点浜学园的老师也常常提到，我也会不厌其烦地提醒她。

在基础上偷工减料，很容易导致根基松散。

我以前曾经读到过这样一个故事。在某个地方，有两个人都声称自己是算盘高手，谁也辨不出他们孰真孰假。这时来了一位智者，问二人"二加一等于几"。其中一个人不假思索地回答"等于三"，而另一个人则用算盘计算之后才说出答案。最后智者判定用算盘计算的那个人才是真正的高手。这个故事我经常讲给孩子们听。

这个故事告诉我们，越是高手，越是在遇到简单的问题时也要按部就班地按规则处理，而不会为了省事而偷懒。

 ## 高考也追随哥哥们的背影

女儿在升入初中的同时便开始进入高考辅导学校"铁绿会大阪分校"①学习。

初中阶段学习英语和数学两科，从高一开始增加化学课、高二开始增加物理课。

铁绿会的教材还附有CD，不过我之前从来没有见几个儿子在家里听过。女儿属于稳扎稳打的踏实类型，她在看课本的同时，也会认真地听CD。

女儿的志愿和哥哥们一样，也是东京大学理科三类。

她的分数提高得很快，在高二时参加东京大学的模拟考试，就已经达到了能够拿到理科三类"A 判定"（录取概率极高）的水平。

此外，女儿的校园生活也过得多姿多彩。我记得在校园文化节上，她还参加了一个把教室改造成迷宫的活动。我们看到她身穿迷彩服，手里拿着玩具枪，负责给参观者带路，玩得很开心尽兴。

---

① 铁绿会是主要针对报考东京大学的考生的六年制高考辅导学校，讲师多为东大在校生或毕业生。

从小学一年级开始的钢琴课,女儿也一直坚持到高二。她学习十分勤奋刻苦,但也没有放弃其他活动,还交了很多朋友,初高中六年过得非常快乐。

突如其来的意外

女儿从高二开始进入备考模式,每周有五天都要去铁绿会上课。课业负担一下子增加了很多,我想女儿那段时间肯定特别辛苦,不过她总说自己的实力在那一年提高得最明显。

对考生来说,高二应该是非常关键的一年吧。

女儿还参加了骏台、河合等其他辅导学校组织的模拟考试,高二同时模拟考试(在高考当天举行的模拟考试)成绩也超过了东京大学理科三类的最低录取分数线,这些都增强了她的自信,我也相信她一定能考上。

然而,就在升入高三之前,也就是即将迎来备考最后冲刺阶段的关键时刻,发生了一个意外事件。女儿病倒了。

2月份,女儿因为发烧在家休息了一周。她在退烧后重返学校,没想到3月底又开始发烧。医生怀疑是"淋巴结炎",建议去大医院做检查。后来为了避免在脖子上留下疤痕,我们决定采取药物治疗。服药后女儿的肝功能化验数值急剧增高,我担心得不得了。再后来还是迟迟不能退烧,一直折腾到 7 月份,女儿才终于痊愈。

高二这一年,女儿总是学习到深夜,等到周日再集中补觉。后来我们回想起来,觉得恐怕是这种不规律的生活让女儿积劳成疾,才生了这么一场大病。

考试固然重要,但健康才是最重要的。女儿生病期间,我一直安慰她不要着急,"今年去试着考一次,大不了明年再考。"

谁也不知道,备考期间孩子会遇到什么突发情况。那年夏天,女儿病好恢复之后,在模拟考试中仍旧取得了不错的成绩,让我们松了一口气。我想这也是因为她多年来的不懈努力打下了坚实的基础,才能有惊无险地闯过这一关。

 ## 参加暑期集训好还是在家做题好

我和女儿一直关系很好,但在她高三那年的夏天,我们却曾经吵了一架。

当时我看她的实力已达到一定水平，就建议她不去参加辅导班组织的暑期集训，而是在家做东京大学模拟考试的历年试题。哥哥们当年也都是这样安排的。可是不知道出于什么原因，女儿执意要参加暑期集训。

女儿宣称："我和哥哥们不一样。"此前我们之间几乎从来没有发生过争执，这次却吵了起来，整整两天都没和对方说一句话。

为了尽快解决问题，我给身在东京的儿子们打电话商量对策。他们认为"暑期集训也不错，不过妹妹的实力应该已经足够高了，还是做历年考题效果更好"。不过最后儿子们提出了一个折中方案，"如果想参加暑期集训，就让她去参加两天"，这样女儿也终于同意了。

最终，得益于反复做历年试题的积累，女儿在后来的模拟考试中总是能拿到 A 判定，并顺利考上了东京大学。女儿每次拿到 A 判定的结果，总会若无其事地说："幸亏我做了大量历年试题，做足了准备。"我每次也都总会笑着回一句"瞧，按妈妈说的做准没错吧"。

做遍100年的历年试题

模拟考试和大学入学考试的历年试题对了解自己想报考的学校的出题倾向、把握时间分配方法都非常重要。女儿从8月到10月期间做了东京大学模拟考试的历年试题。按总量计算，女儿相当于做了一百多年的试题。首先她做了东京大学过去25年的所有入学考试真题，然后再加上代代木辅导班、河合辅导学校、骏台辅导学校分别在过去30年来制定的东京大学模拟考试历年试题，加起来真的足有一百多年的量。

哥哥们当年也都做了历年试题，不过算起来也就大约30年的量。女儿比他们多做了好几倍。哥哥们听说后都笑着发来短信激励妹妹，"听说妈竟然逼你做了100年的试题！"

 准备中心考试

从高三那年的12月起,女儿开始为中心考试做准备。

复习以世界史和语文为主,总共做了过去20多年的中心考试真题。中心考试的真题集是厚厚的一大本,用起来非常不方便。于是我就用美工刀把书拆散,重新装订成便于女儿使用的厚度。直到考试之前,女儿都一直做这些题来复习。

2017年度的中心考试排在1月14日和15日,时间比往年略早一些。女儿实际做完的真题量略低于最初的计划,不过也完成了90%以上,所以我也比较放心。

 集中精力准备二次考试

中心考试结束后,女儿从第二天起便开始为东京大学二次考试做准备的冲刺复习。

这段时间,她每天都把全部精力用来继续做完剩下的东京大学过去25年的真题和历年模拟考试题。

做历年试题时,一个科目就要用上1.5到2.5小时的时

间，孩子是非常辛苦的。

所以我尽可能陪在旁边为她服务，比如女儿说口渴了，我就会马上倒水给她喝。

我每天都会根据女儿的身体情况帮她设定学习时间，整个1月和2月期间，我也几乎没有出门，一直待在家中陪伴女儿学习。

题目简单反而更担心

就这样，我们终于迎来了二次考试，不过当天发生的一件事把我吓坏了。

2017年度，东京大学的数学题较往年简单了许多。女儿结束第一天考试回到宾馆后，我问她感觉如何，她说："数学很简单，做完还剩下一些时间……"这反倒让我开始担心了起来。

如果入学考试的难度太大，考生答不上来，家长自然会心里发慌。可是如果考题过于简单，考生的成绩之间拉不开差距，一点小失误都有可能坏了大事儿。这种情况也是很可怕的。

报考东京大学理科三类的学生，绝大多数都能在语文、英语、理科（女儿选的是物理和化学）拿到高分，因此数学成绩如何就成了能否考上的分水岭。而这次的数学题目又过于简单，万一女儿因为意想不到的失误而失分，那可就惨了。

第二天早上，我送女儿上考场前，特意提醒她"数学容易的年份，理科可能会很难，你要留心啊。"然而理科也比往年简单。所有科目考试结束之后，女儿自己估分也不确定能不能考上，让我担心得不得了。

3月10日，我们在东京大学本乡校区的录取名单上找到了女儿的准考证号，那时真的太开心了，我和女儿抱在一起，高兴得流下了眼泪。

 **做真正的精英**

东京大学是日本数一数二的大学,汇聚了顶级研究人员和研究设施。四个孩子都能如愿考上他们的第一志愿东京大学,我感到由衷地欣慰。

身为家长,我从最简单的笔画和加法开始辅导,看着他们步入心仪的大学,真的非常高兴,但考上大学并不是终点。我希望他们在大学能学到更多的知识,体验丰富多彩的生活,开拓出自己想要的人生。

对我来说,把孩子们都送进东京大学只是碰巧得到的结果,而不是目标。

我还知道一条原则,能够确保孩子考上理想的学校。那就是如果父母一开始就指定具体哪所学校作为目标,对孩子说"你一定要考上××中学""我希望你考上××大学",就相当于给孩子施加了很大的压力。其实考场上的情况变化莫测,学霸也有可能落榜。倘若一开始就指定哪所学校,那么一旦落榜,"我没去成××中学""我没考上××大学"的阴影就会一直笼罩在孩子心里。因此,我决定坚决不说出具体想让孩子考哪所学校。

小学升初中时，可以到小学六年级再考虑要考哪所学校，高考志愿则到了高二或高三再做具体打算也不迟。在那之前，孩子只要把心思都用在提升实力上就好了。

假如您的孩子正在上小学，如果您希望他能考上像东京大学一样的一流大学，那么请您把这个想法默默地藏在心里，督促孩子努力学习。

我的想法是，家长只要最大限度地帮助孩子提高成绩，最终让他去考上自己能力所及的最好的学校就好了。东京大学理科三类只不过是一个结果而已。有人可能觉得第一个孩子还好，第二个或者第三个孩子会因为哥哥姐姐的成绩感到有压力，不过我家并没有出现过这种情况。女儿自己也说她可以借鉴哥哥们的经验，还能请他们出谋划策，所以非常感谢他们。

信息收集最重要

让孩子提高成绩，考上名牌大学，其实有一条高效合理的途径可以参考。

这个途径就是：

完成基础学习➡升学辅导班➡六年连读中学➡升学辅导班➡名牌大学

我的孩子们实际走的路线是：

公文式早教➡浜学园➡ 三个儿子：滩校／女儿：洛南高中附属初高中 ➡铁绿会➡东京大学理科三类

我认为这是考入东京大学理科三类最快捷高效的途径。不过如今信息收集渠道很多，无论哪所高中的学生，都有机会考上东京大学。

如果在就读的高中找不到关于自己想考的学校的信息，可以去书店买来这所学校的学生写的高考经验谈或者高考信息类书籍，也可以在网上搜索详细信息，仔细研究自己要考上理想的学校，从现在起必须要做哪些准备。

从我个人的经验来看，如果想从公立初中毕业后就读公立高中，之后想报考东京大学等竞争激烈的大学，可以**在时间相对比较宽裕的初中阶段，提前把英语学到高一或高二的水平**。因为与其他学科相比，英语需要花费的时间更多，所以提早学得越多越好。参加辅导班或者各种英语等级考试都是可行的学习方法。

例如想考上东京大学，必须进行有针对性的学习。每一科都有对应的经典参考书和习题集，阅读已经考上东京大学的学生总结的高考经验，就可以了解到他们当时看了哪些参考书、做了哪些习题集。

有一些辅导班和辅导学校曾经培养出很多考上东京大学的学生，他们那里也会有相关的信息，家长都可以参考。

决定报考哪所学校之后，让孩子实际到校园里体验一下，也可以激发他们的学习动力。

与从来没有去过东京大学、对东京大学一无所知的考生相比，有机会听一听东京大学的学生的介绍，更能帮助孩子对东京大学形成一定印象。亲身体验更容易萌生亲切感，家长可以带孩子到开放的校园里去体验一下。不过，这样的活动最好安排在高三之前。高三时再做这些事就太浪费时间了。

东京大学曾是日本最难考的大学，最近据说门槛比过去低了一些。不要一开始就认定东京大学遥不可及，我觉得家长和孩子都不妨给自己一个挑战的机会。

日本社会非常重视学历，但拥有高学历的人往往只不过是在准备高考期间恰巧享有合适学习的环境而已，仅凭学历并不能评定一个人的优劣。

东京大学毕业生常被称为精英，但不是所有从东京大学毕业的人都具备出众的能力和素质。这一点想必大人们都明白。

我总是告诫孩子们："不要想着挣点钱盖了自己的房子就满足了。这样的人生是可悲的。为了帮助更多的人而努力工作，这才是人生的头等大事。"

 用"同声传译法"回顾英语长篇阅读

下面介绍一些女儿备战高考期间，我为她的学习所做的后勤工作。儿子们备考时我也是这样做的。

女儿做完英语的长篇阅读理解题之后，我会对照答案帮她打分。**打分用的是直径 1.0 毫米的红色圆珠笔**。粗芯圆珠笔画出来的圆圈①更醒目，一眼就能看到自己答对的题，孩子也会很高兴。而 0.3 毫米的细笔画出来的圈就不那么醒目。即便到了高三，孩子们在看到打分时还是很紧张，所以把红圈画得醒目些有助于提高他们的积极性。这或许只是微不足

---

① 日本人判卷时通常给回答正确的题目画圈。

道的细节，却能带来意想不到的效果。

打完分后，我们还要重读一遍文章，检查错出在哪里。女儿默读英文的同时，我会在一旁把答案中的日文翻译慢慢地读给她听。

比如在记叙文的对话中，孩子有时会弄错说话人是谁。边听译文边重读文章，很快就能找出理解错误的地方。

如果让孩子自己读英文，一边参考摆在旁边的译文一边往下看，可能需要花很大工夫才能找到出错的地方。女儿**用眼睛逐行默读英文，我在一旁读出这段文字的日文翻译**。用这种同声传译法，我们很快就能完成错题分析。

同理，文言文的长篇阅读理解等也可以采用同声传译法分析错题：

女儿＝默读文字

母亲＝在一旁读出现代文翻译

儿子们准备高考时，这种方法也发挥了很大作用。

我特别向大家推荐这种同声传译法，请您有机会一定尝试一下。

靠颜值辨认历史人物

世界史是女儿的弱项,她总记不住那些历史人物谁是谁,一直很发愁。所以每当她又学到一个历史人物,我就用手机搜索出图片给她看,让她通过视觉印象来加强记忆。

比如我搜出图片时会说,"拜伦好帅啊!"然后把图片给女儿看。英国诗人拜伦因美貌经历了无数次恋爱,并由此创作出很多作品。从网上搜到的照片来看,他的确是个颜值很高的美男子,我们母女俩为此激动了好一阵。

关于世界史中的文化类知识,成年人基本都作为常识略知一二,但年轻的孩子们大多不太了解。遇到从照片中选择希腊化时期雕像的题目,女儿总是选错。

所以我就告诉女儿"遇到希腊化就选最帅的那一个",换了一道题让她做,结果还是选错了。"为什么会选这个呢?""是你让我选帅哥的嘛。"我仔细一瞧,女儿选的果然是她喜欢的类型。原来是这么一回事。那我只好又增加一条:"希腊化还要看服装,选的时候要把服装和长相都看好了再选。"就这样,女儿总算攻克了这类题目。

女儿特别不擅长背诵历史中的知识点,她宣称"我这辈子再也不想做世界史的题了"。不过在我看来，我们两个人一起学习的那段时光真的是挺开心的。

 **用化学习题集做的原创笔记本**

女儿学习化学时，需要用到一本大家公认必做的入门习题集。可是这本习题集又厚又重，所以我便**把题目复印下来贴在笔记本上，为女儿做了一本原创习题集**。复印好的题目贴在页面上端，下方留出空白作答。有了这本笔记本，孩子们在上下学的路上也能做题，他们都很感谢我。

 **大部头参考书可以拆开用**

女儿使用的物理参考书特别厚，每天带着上学又重又不方便。我便把这本书拆开，按章节分好，分别装进透明文件夹，再附上封面，于是一本厚书就变成了好几本小册子。这样一来，女儿只要把想看的章节带到学校就行了，方便了

许多。

如果习题集特别厚，让孩子看起来感觉自己根本做不完的话，家长可以把它拆成几本小册子。与攀登一座大山相比，多爬几座小山感觉更容易实现一些。在孩子准备高考期间，像这些细节上的功夫都很重要。

大家常常觉得参考书和习题集必须原封不动地用，其实为了方便使用，完全可以把它拆开。看书的目的在于学习知识，没有必要拘泥于形式。

孩子上下学携带的东西越轻越好。沉甸甸的书包给孩子带来的负担远超家长的想象，所以我们应该在这些方面多下一点功夫。

在毅力至上主义者看来，每天背负重物似乎也是一种人生的修行，不过这种想法在现代孩子们准备高考时可行不通。

第 3 章

不叱责、不比较、做后援

 **家是孩子最幸福的回忆**

我养育子女的最终目标，就是让孩子们在长大后回忆起童年生活时，觉得**"我在家与父母和兄弟姐妹一起度过的日子真开心"**。

为此，我在养育孩子的过程中，一直把让孩子的脸上总能挂着开心的笑容，同时也让自己更快乐作为目标。

当然，我也有过因一时冲动责骂孩子，事后又后悔不迭的经历，我也曾经否定过孩子。不过这本书里写的都是我在反复尝试和失败之后总结出的方法，可能有些内容不一定符合每个家庭的实际情况，请大家挑选对自己有帮助的部分来用就好了。

 ## 孩子不是超人，所以才可爱

很多妈妈在规划如何培养孩子时，都会在脑海中描绘出一个理想的孩子形象。

老实说，我过去也曾经这样做过。

所谓理想的孩子，就是你让他学习，他就干劲十足地回应，然后自己拿出课本一道接一道地做题；而且他在运动会上能飞快地跑完全程，拿下第一名；此外他还能在音乐节上成为班级的代表，完美地指挥乐队或者演奏高难度的乐器；这样的孩子性格也一定非常温和，在家还总是抢着做家务。

几千个孩子里面，也许会有一个这种堪比无敌超人的孩子，但现实生活中，恐怕没有哪个孩子能做到这般地步吧。

孩子不是机器人，所以他们有时也会耍赖不想做功课，也可能不愿意收拾满地的玩具，或者还有的孩子无论干什么都要很长时间才能进入状态。

有人曾经问我："佐藤女士，您的孩子是不是个个都是无所不能，都是像超人一样的孩子吧？"当然不是。

我的孩子也都是极其普通的孩子，他们也曾经在考试中拿过低分，也曾经忘带作业或者该带的东西就去上学。总

之，他们离完美都相差甚远。

不过，孩子之所以可爱，不正是因为他们还很稚嫩，还有很多事做不好吗？

养育了四个孩子，我发现**人们天生的性格通常一辈子都不会改变**。所以我也明白了刻意改变孩子的天性只会徒劳这个道理。

对生来就是个慢性子的孩子，父母再怎么训斥或鼓励，都无法把他改造成雷厉风行的人。我建议父母还是做好这样的心理准备。

慢性子的孩子长大以后，动作多少也会变快一些，但我觉得，这是因为被工作追赶，不得不动作更快一些，但孩子本质的性格并不会改变。

家长如果一定要改变孩子的慢性子，会给自己增添很大压力。如果想开了，知道孩子不会轻易改变，反而就会感觉轻松了很多。

请您原原本本地接纳孩子，然后再根据孩子的性格特点，去思考怎样才能帮助他扬长避短。这样做，不仅家长更放松，孩子也会过得更快乐。

假如有个孩子经常忘带东西，那么家长不要总责备他"你怎么总是丢三落四的？你能不能多用点心！"而是应该具体地告诉孩子,"你容易忘带东西,所以要比别人提早做准备。自己要带的东西一定要在前一天就准备好。"这样说的话效果会更好。

我希望所有家长都能明白,世界上根本没有理想的孩子。

不叱责,勤表扬

我每次说到"不要叱责孩子",都会有很多家长认为这只是一种理想状态。确实,我也不敢保证自己从来不曾批评过孩子。

我的女儿曾经怎么都学不会"单位换算"。有一次,我不但严厉地责备她"你怎么就弄不明白呢",还用手中的练习本连续打了几下她的头。

人在这种情况下真的很容易失去理智,不知为什么就停不下来了。看到女儿下意识地歪头想躲过笔记本,我不仅骂道"你还敢躲!"接着又是劈头盖脸地打了几下。

不过,那是我第一次、也是最后一次打孩子。事后我感到十分震惊,自己怎么会越打越来气,打孩子的手都停不下来。同时我也通过这件事切身体会到，打孩子真的很不好。

在那之后我反省了自己，再也没有叱责过孩子。

家长对孩子的某些地方感到不满时，很容易过度关注这件事而忽视了其他方面，导致在冲动之下训斥孩子。如果总是想着"这孩子怎么不按我说的做""我要说多少遍他才能记住"，家长就会失去理智。这样解决不了任何问题。

说不定是孩子太累了，也可能是这种记忆的方法不太适合他。

家长想要训斥孩子时，一定不要感情用事。

可以先试着问问孩子的理由，"为什么那样做？""为什么这么想？"

我建议家长先听完孩子的回答，再和他们一起寻找解决问题的方法。

 **关心孩子才能表扬得恰到好处**

表扬和批评一样，难度都不小。

不走心的表扬夸不到孩子的心坎里，也无法激发他们的积极性。如果孩子看穿父母的心思，觉得"妈妈根本不这么想""她是不是想让我干什么啊",反而会适得其反。

表扬孩子的关键是要具体。

比如孩子考试取得了好成绩,家长应该说"这道题之前你做错过,这次做对了,真厉害",而不是空泛地说一句"你真棒"。有具体内容的表扬,更能使孩子的自尊心得到满足,帮他产生再接再厉的动力。

表扬需要父母从平时就多关心孩子。

 **不比较,才能发现孩子的优点**

很多母亲在养育孩子的过程中,会拿自己的孩子与别人家的孩子比较,并因此感到失落或焦虑。曾经有一段时间,我也很羡慕那些特别优秀、做事干脆利索的孩子。

不过后来我逐渐意识到和别人比没有任何意义,便不再这样做了。

首先,**家里的几个孩子之间不要做比较**。

"哥哥能做到,你怎么做不到""弟弟要更优秀一些",这样的比较会让孩子在痛苦中度过童年,也不利于兄弟姐妹之间的和睦。我家有四个孩子,如果拿大儿子和二儿子比、二儿子和三儿子比，再拿女儿她的哥哥们比，那一定会乱成一团，想想都很累。我家的几个孩子之间根本无法相互比较，这真是万幸的事。

有些家长喜欢和别人的孩子做比较，但其实不可能与全世界所有的孩子比，充其量也只是确认自己的孩子在一个班级的35个人中的位置。

有时可能都没有35个人，一些母亲只会与自己的几个熟人比较，喜欢打听"谁谁谁考了多少分"，然后为此忧一阵喜一阵。这种比较的范围其实非常有限。

和他人攀比的第一个危害是使家长产生自我厌恶情绪。明知比较毫无意义，却还是管不住自己，因此家长也会对自己的这种行为感到负罪感。

母亲拿自己的孩子与别人比，她的初衷并非想毁掉孩子，而只是想激励孩子更加努力，还夹杂着一丝期望，觉得"孩子肯定能做得更好"。这种心情最后却不知怎么就变成"谁谁谁考了多少分"。

家长这么问孩子，发觉自己在跟别人攀比之后会觉得难过，而被拿来比较的孩子则会更加难过。考试的结果已经无法改变，可孩子却为此受到指责，甚至被彻底否定，那么他必然会失去积极性。

在与别人的比较中长大的孩子，成人以后也无法摆脱与人比较的习惯，他会养成活在别人阴影下的毛病，成为一个无法肯定自己的人。

想与别人比较是人之常情，但这么做弊大于利。正因为这是大家都很容易犯的错误，父母才更应该随时反省自己，绝不要拿孩子与别人比。

不再和别人比较，还有一个好处，就是家长会更了解自己的孩子。

不和别人比较以后，家长会自然而然地注意到孩子的具体情况，比如"这孩子在算术的这个部分总爱出错""原来他语文学得这么厉害"。这样一来，家长也更容易确立孩子的学习策略，比如"再多花一些时间来练习计算"等。**当家长不再以别人家的孩子为基准，便会注意到之前被自己忽视的方面。**

做到了这一点，就相当于找到了正确的方向，家长便不再会在乎别人家的孩子了。家长发现了自己孩子优秀的一面，比如上次考试中做错的计算题在这次考试中都做对了，这时也会意识到，原来比较的对象不应该是其他孩子的成绩，而是自己孩子上次考试的成绩。

小学班级里的好学生总有一天会淡出我们的生活，也许是几年后分到其他班，也可能是毕业后升入了不同的中学。我们没有必要总拿孩子与人生中只有短暂交集的同班同学做比较，给他留下伤心和难过的回忆。与其关注别人的孩子，还不如守护好自己的孩子，耐心地看着他的成绩不断提升。

# 孩子永远比家务更重要

家里有四个孩子，我每天光是打扫卫生和洗衣做饭就忙得团团转。

我家的洗衣机和洗碗机几乎一直处于连轴转的状态。为了节省衣服叠好后再分别放进各个抽屉的时间，我想了个办法：把每个孩子的衣柜都写上名字，全部呈阶梯状拉开，这样我从晾衣架上取下衣服，就可以直接叠好放进去。不过尽管这样，时间还是经常不够用。

有一段时间，我也曾经怀疑是不是自己能力太差才做不好家务，还为此特别沮丧。不过后来父母过来帮忙，我总能趁他们照顾孩子时迅速地完成家务。发现了这一点，我才松了一口气，原来不是自己能力不够，只是孩子太多，时间真的不够用而已。

即使水池里堆满没洗完的碗筷,我也会在孩子的事都忙完以后再去洗,没洗完就等有时间时再继续……我做家务一直是这个状态。

不过,孩子们学习时我一定会陪在旁边。

坐在一旁看着孩子们做功课,根据他们握笔写字的状态,我就能知道孩子是不是累了,以及哪些部分是他的弱项。

重视家务的母亲可能会对我这种做法感到无法理解,不过这就是我的准则:在任何情况下,孩子永远要比家务更重要。

 不用为了"妈妈群"烦恼

我觉得家长之间完全没有必要通过孩子结识后,还要花费心思维持往来,形成所谓拉帮结派的"妈妈群"。

曾经有一位为幼儿园妈妈群的人际关系感到苦恼的妈妈找我谈心。据说她所在的妈妈群每个月都要轮流在成员家中举行午餐会,而她因为一些原因未能参加,就因此受到了大家的孤立。听说这些妈妈之间还要经常相互送礼物,她也曾

为了找来不常见的食物送给这些人中的关键人物而费了不少心思。

我觉得这种情况实在很荒唐,因此劝她尽早脱离那个圈子。

我当然也得到过朋友、熟人和其他妈妈的帮助,如今我依然由衷地感谢他们。但是这种社交性的妈妈群没有任何意义,只能让人心累,所以我觉得下决心脱离圈子也是一个解决方法。

妈妈群很可能随着孩子幼儿园毕业或小学毕业同时解散,与其把精力用在这种表面的肤浅社交,还不如在家陪着孩子一起吃吃零食,或者给孩子辅导作业更愉快。

在我心里,孩子永远是第一位。即使去参加儿子中学同学的妈妈们组织的午餐会,我也会提前告辞,赶在女儿放学回家前到家。

# 滩校的同学妈妈们教给我的

大儿子考上滩校以后,我结识了许多学生家长。我们也会在适当的时间组织午餐会等活动,但彼此之间一直保持着远近适中、不拉帮派的良好关系。在孩子们都已长大成人的现在,我们还会时不时聚在一起聊天。

滩校的家长们有一个共同点,那就是都对孩子非常用心。

其中有很多家长在孩子考上初中前会和孩子一同摸索学习方法,等孩子升上初中后就拉开一定距离,不再干涉他们的学习。不过,在孩子需要时,这些家长都及时伸出援手,从不怠慢。如果孩子在学习上遇到了瓶颈,他们马上会收集信息,帮孩子报相应的辅导班等。

有一次,一位从没说过话的母亲打来电话,向我咨询孩子想提高某一科的成绩该怎么办。"听说××辅导学校的××老师化学教得特别好。"我把自己知道的信息共享给她,两个人聊得很起劲。

在生活上,我也不会过多地干涉孩子,不过如果他们使用手机的时间过长,我会坚决地禁止。

滩校的家长们不过度干涉孩子，却又时刻关心他们，这种育儿方式让我学到了很多。

 **妈妈爱找借口，孩子也爱找借口**

我曾经在高中当过英语老师，那时有两个女同学找我补习。我给她们分别布置了作业，让她们做完后交给我。

其中一个女生会按时交作业，但另一个总是拖着不交，每次都要等我督促后才凑合着交上来。我追问原因，她总会找各种借口，诸如"老师，我最近特别忙""我身体不太好"等。过了一个月之后，两个人的成绩明显拉开了差距。

于是，我决定把不交作业的学生的妈妈请来了解情况。结果让我大吃了一惊，这位妈妈张口就说出很多借口，"老师，我们最近特别忙""孩子最近身体不太好"等，竟然和孩子是一模一样的。

孩子看着父母的背影长大。**孩子的学习态度，甚至他们偷懒时找的借口都和父母相似。**我自己开始养育孩子之后，还经常会想起这件事，因此我觉得必须给孩子做出榜样。家长和孩子们说话时，也应该注意言辞和语气。

 家长的三个误解

我觉得在辅导孩子学习这个问题上,有一些家长的常识中存在以下误区。

自立＝不能娇惯孩子

经常能听到有人说"我们培养孩子的目标就是让他长大成为一个自立的人",但在我看来,我们现在的社会过于强调"自立",甚至让我怀疑是不是有些人嫌麻烦不愿尽到父母的职责,才用"自立"来当挡箭牌。

一说到"自立",人们往往很容易把注意力集中到眼前的事情上,例如尽早让孩子脱掉纸尿裤、学会自己上厕所,让孩子独自准备上幼儿园需要带的物品,或者让孩子完全靠自己写完作业等等。这些事情明明只要家长稍微帮一点忙,孩子就能做得更出色,但很多时候家长却为了让孩子"自立"而选择袖手旁观。

"自立"是让孩子独立做事,不过前提是孩子必须知道方法并且具备足够的能力。父母不应该一开始就要求孩子"自立",而要帮孩子做,再示范给他看。孩子学会了方法,自然就会自己做。我认为在孩子掌握方法之前,父母以"自

立"为名不帮助孩子是一种错误的行为。

努力＝不能先看答案

日本人似乎倾向于认为努力本身是有意义的。

比如有人认为孩子遇到不会做的数学题，应该花很长时间绞尽脑汁地解出来，这样才能提高能力。然而，孩子们为了备考而学习时，必须在有限的时间里提高自己的能力，以便达到高考需要的分数线。为此，遇到不会的题，应该马上看答案，弄明白解法之后继续做下一道题才更合理，这样同样能提高能力。

再比如，有人认为乘法口诀必须死记硬背，认为这样才是努力学习，但孩子们用 CD 或者 DVD 借助听觉和视觉来记忆会轻松得多。我认为家长应该把精力用在实现目标上，而不必过分强调努力。

放养＝孩子必须轻松悠闲

经常有人会说，对孩子来说，还有很多比学习更重要的事。

学习固然不是人生中最重要的事，但如果孩子上学考试拿不到好分数，课堂内容也听不懂，那他每天上学还会开心吗？

还有人反驳我说：独立掌握学习方法也是学习的一环，应该让孩子自己去摸索。但我想不明白的是，哪怕只在最初阶段帮助孩子创造学习的契机有什么不好？我甚至怀疑放养实质上就是放弃。

有一次，我遇到了一个小学六年级的女生，她不会做分数加法，连"1/2 + 1/4"这种最基本的计算题也不知道该怎么做。我想她恐怕是五年级学习这部分内容时没跟上却一直没有采取任何措施。这个孩子眼看着就要升初中了，如果小学阶段的知识点没学好，那她到了中学肯定会很吃力的。

经常有家长说"我家是放养主义""等孩子懂事儿自然就知道学习了，家长应该静待花开"，但现实问题摆在眼前：**对孩子来说，学不会分数加法，她在学校过得会很难过。**

只有能听懂老师在课堂上讲的内容，考试成绩能说过得去，也能跟上大家的学习进度，孩子才能享受每一天的校园生活。孩子该会的知识点没学会就升入下一学年，这不是孩子的错，而是父母的失责。

如果孩子连最基础的学习内容都没有掌握，父母还在宣扬放养主义或等待孩子的学习自觉性，他们实质上就是在逃避，我不得不说他们这是在放弃自己的职责。

要么0，要么100

养育孩子时，我们经常会遇到很多场合不知道应该怎么做。

我养了四个孩子，所以烦恼也变成了四倍。

于是，**我定下了一个做决定的方针：要么0，要么100。**非黑即白，要么不做，要么做到极致。

比如在我家，孩子小时候是禁止看电视和玩游戏的。有人认为"孩子多可怜啊，让他们多少看一会儿不行吗？"但在我看来，界定"一会儿"是多长时间反而更难。

比如说可以规定"一会儿"就是"每天看一个节目"或者"只看一个自己喜欢的节目"，但怎样选定喜欢的节目又是个难题。

如果说"今天下雨，出不了门，就让孩子看一会儿电视吧"，那么特别冷的日子是否也要让孩子看电视呢？久而久之，就会演变成孩子每天都要看电视。

即使规定"游戏每天只玩一小时"，孩子也很容易忍不住玩到一个半小时、两个小时,家长还要提醒孩子到时间了、要没收游戏机,这些都太费力气了。

相比之下,干脆规定不看电视、不玩游戏,这样更明确,也没有任何压力。

 **工作好还是当全职妈妈好**

大学毕业后,我曾经在高中做了两年半的英语教师。由于曾经打算将来出国留学,结婚后的一段时间,我也还想要继续学习英语。然而,孩子们一个接一个出生,我就再也顾不上这些了。于是,按照"要么0,要么100"的原则,我决定专心在家养育孩子。

孩子们逐渐长大一些后,我得到过一个做高中外聘教师的机会,当时很有些心动,但最后还是坚持了"要么0、要么100"的原则。去当外聘教师可以开拓出另一片天地,但我也有可能最后哪边都没做好。

这只是我的个人观点,我觉得选择两条道路的话很难把两边都做好,有可能两边都顾不过来。

常有人对我说:"您是全职妈妈,所以才能把孩子照顾得这么好吧。"的确，不工作让我的时间更自由一些（不过因为要照顾四个孩子，实际上这 26 年来我几乎从来没有属于自己的时间），但这并不能说明什么问题。全职妈妈中也有不仔细照看孩子的人，而很多职场妈妈也能做到全力支持孩子。

全职妈妈或许能拥有更多一点时间，但却没有工作带来的收入和社会地位。我认为这二者其实并没有优劣之分。

最近几年，我收到很多讲座邀请，外出的机会也多了起来。有一天，我安排了工作需要外出时，女儿却发烧了。

在以往，我总是最先担心孩子的身体，可那天我的第一个念头却是"这孩子怎么偏偏在这种时候发烧"。这次经历让我切身体会到职场妈妈的不易。

每个人的人生道路各不相同。与其羡慕别人的生活，不如竭尽全力过好自己的日子。

 只说"快点做""好好做",孩子不会听

做妈妈的恐怕都有这样的口头禅:

"赶快做完。"

"快点去做。"

"好好做。"

"再多做点。"

我很能体会妈妈们这样说的心情,但这些话起不到任何作用,因为这样说不够具体。

不知道什么时候做、做什么、怎么做,孩子摸不着头脑,就不可能按照妈妈的话去做。他们听到妈妈催促自己,也只会感到不愉快。

只有家长明确说出什么时候做什么、怎么做,并给孩子创造一个容易去做的环境,语言才能发挥它的效力。

有时候孩子听到妈妈的这些口头禅,却不知道该怎么做,结果什么也没做成,最终还要再被妈妈责怪"你为什么不按我说的做?"

妈妈生气一会儿可能就好了,但最后的结果是,孩子该做的事还是没有做。

这些口头禅只是妈妈自说自话,不带有具体指向的话,说出来解决不了任何问题。

家长和孩子沟通时,请在大脑中先形成具体的计划,然后再给孩子做出指示,千万不要根据自己的心情或者感觉随便说。

 **爸爸别说"我忙着呢""我累死了"**

在我家,和学习有关的所有事都由我来管,孩子们的爸爸从不插手。他也不会查看四个孩子在学校的成绩单、在辅导班或者在模拟考试中得了多少分。

他只会在家里有孩子要参加升学考试之前才悄悄地凑到我身边,小声问我:

"怎么样,孩子今年能考上吗?"

听我回答"没问题,没问题",他就露出一副放心了的表情。每到有孩子要大考的年份,我们家里总会上演这一幕。

听说有一些家里,父亲也会参与孩子的备考,给孩子辅导功课或者出谋划策。但我也听说有的父亲平时不管,到孩子快考试时又来瞎操心，说些"我高考那时不是这么做的""这孩子模拟考成绩还不如哥哥，他能考上吗"等话给家里添乱。

如果妈妈也要工作，由两个人共同分担育儿工作，我想也许可以制定一个排班表，比如这周妈妈辅导，下周爸爸辅导等。

在我家，丈夫虽然不会插手孩子准备考试的过程，但会帮我照看其他不用参加升学考试的孩子们。还有一次，为了第二天早上能送女儿到车站，丈夫去东京出差也没有住在那边，而是在当天就赶了回来。我们家采取的形式是我负责孩子备考的所有事宜，丈夫负责协助我们。

如果说对做爸爸的各位有什么希望，我**希望他们不要把"我忙着呢""我累死了"挂在嘴上**。如果妻子是全职妈妈，外出工作的丈夫也许认为妻子在家时间很充裕，但其实做家务和带孩子也是非常辛苦的工作。

"你天天待在家里多轻松啊。"

要是听到丈夫这么说，妻子搞不好要回敬一句：

"那你在公司没有摸鱼混时间吗？"

我觉得夫妻二人都应该努力做好自己的工作，相互尊重。如果妻子拜托丈夫接送孩子上辅导班或帮忙做家务，希望丈夫尽量调整时间帮助妻子，而不是说"我忙着呢""我累死了"。

做妻子的也是一样。最好两个人约好都不要说"我忙着呢""我累死了"。能做到这一点，相信很多问题都会迎刃而解。

第 4 章

0-3 岁：
激发孩子潜能

# 读一万本绘本,不要拒绝"再读一遍"

在每个孩子满三岁之前,我都给他读过一万册绘本。

之所以说要读一万册,是因为我听说一万这个数字有其自身的意义,无论什么领域,只要脚踏实地地积累一万次练习和经验,就能实现飞跃性成长,收获卓越成绩。

于是,我按照阅读书目向书店订购各种名著直接快递到家里,也会去图书馆尽可能多地借书,带回来读给孩子们听。

我参考的推荐书单包括从神话故事到探险、科幻、汽车和食物等生活类以及科学类绘本等,所以各种不同领域孩子们都有机会接触到。

我没有根据孩子的性别限定绘本的种类,男孩女孩都看过公主童话、汽车绘本等不同类型的书,现在想来这是对的。此外在去图书馆时,我会让孩子挑选自己喜欢的书,所以他们有机会接触到所有种类。在这个过程中,我发现每个孩子喜欢的类型都不相同，这一点也十分有趣。

我说要给孩子读一万册绘本，很多人会觉得"很厉害""我可做不到"。其实**绘本大多很薄，每天用不了多长时间就能读十册**；我说的一万册还包括反复读过的绘本，一本书读3遍就算作3本，所以实际并没有那么多。我用"正"字来计数，每读一遍就写下一笔。

给孩子读绘本有益于培养孩子对语言的感受能力，不过现在回想起来，给孩子读书时，我也经常被故事感动。

其中有一本《米奇拉，摩奇拉，咚咚！》（长谷川摄子/文，降矢奈奈/图，福音馆书店）给我留下很深的印象。这本书讲的是一个男孩被吸进大树洞里，遇到了三个妖怪，和他们一起玩耍的故事。读到遇到妖怪的情景时，孩子们都很紧张，感觉又害怕又期待。我给孩子们读这个故事已经是20多年前的事了，直到现在我还会时不时想起"米奇拉，摩奇拉，咚咚！"这句话，十分怀念那段时光。

还有一本书叫作《可怜的大象》（土家由歧雄/文，武部本一郎/图，金星社），写的是战争时期，上野动物园的大象因为空袭而不能到外面去，最后被活活饿死的故事。读这本绘本时，我哭得比孩子们还要伤心。

看到妈妈不停流泪，孩子们吓了一跳。那时候他们虽然还无法读懂故事的内涵，但也应该感觉到了这本书所反映的战争的残酷。现在有很多优秀的绘本都推出了 CD 或者 DVD，但听妈妈亲自朗读的绘本更能够丰富孩子的内心。

读书最主要的目的不是锻炼语文阅读理解等学习能力，更重要的意义在于能够丰富孩子的内心情感，加深孩子的思考。打开阅读之门的最初的契机，正是妈妈读给孩子听的绘本。

尤其是那些孩子要求"再读一遍"的书更为重要，其中可能有某些内容格外能够触动孩子的心。

对大人来说，反复读绘本也许有些无聊和麻烦，但那些孩子想让妈妈反复读给自己的书，会成为心灵的养分，有助于孩子的成长。请家长一定不要厌烦，一定要按孩子的愿望读给他听。

绘本不能乱写乱画吗

最初我虽然已经决定要多给孩子读绘本，可到了书店却不知道该买哪些。于是我先买来了公文式早教推荐书目的绘本。后来，我才渐渐学会了自己挑选绘本，主要是买一些推荐图书的作者的其他作品,或者买齐一个系列中的其他分册。

我家专为绘本定制了书架,只有两层,高度也比较低,适合孩子伸手就能拿到自己想要的书。

可能很多家长都不允许孩子在绘本上乱画,而我家是允许孩子画的。因为我觉得涂鸦是孩子的天性。不过不知道是不是孩子们都太爱惜书本了,他们基本上并没太在书上乱画。

从图书馆借来的书绝对不能乱写乱画,所以我在书架的一角用彩色胶带专门划出一块区域,告诉孩子们"这部分绘本要好好爱惜"。

孩子并不知道哪本书是从图书馆借来的,把图书馆借来的书摆放在固定的区域并贴上彩色胶带可以帮助他们辨别。只要一个小小的技巧,不仅可以减少批评孩子的次数,也能减轻妈妈的负担。

 每天一本《哈利·波特》

我从小就特别喜欢读书,所以希望孩子们也能爱上读

书，然而其实我家的几个孩子现在对读书好像也不是特别感兴趣。

最近的孩子们可以通过光盘、网络视频等多种渠道迅速获取信息，图书已经不再像我小时候那样是主要的信息来源，或许这就是其背后的原因。每个时代都有每个时代的特点，我觉得这也无可厚非，但还是由衷地希望孩子们今后尽量多读一些书。

二儿子在小学二年级时曾经对《哈利·波特》系列特别着迷，每次都要等着最新一部上市就马上买来读完。想必他是特别喜欢这个故事吧，一天就能读完一整本。

三儿子喜欢看《西游记》，从简易的绘本读到少儿版，最后在小学三年级时还读了大人看的日文译本。

看到孩子们读书时专注的样子，我也会不由自主地露出微笑，当时真羡慕他们能对一本书如此着迷。

 **唱一万遍童谣，让孩子接触美好词句**

一位学前儿童的父亲曾经问我怎样才能提升孩子的综合素质。除了读书，我还推荐他给孩子唱童谣。

在读绘本的同时，我还要给每个孩子唱上一万遍童谣。

以《圆滚滚的橡子》《故乡》《火车来了》等为代表，日本童谣是人们世世代代精心挑选的词语宝库。我认为聆听优美的语言可以培养孩子的情操。

从前人人都会唱童谣，音乐课教材也会选用很多首，然而最近孩子们接触童谣的机会却变得越来越少了。我觉得这种趋势真的很可惜，因此决定一定要把童谣文化传输给下一代。这也是我给孩子们唱童谣的初衷。

在孩子满三岁前，童谣也唱了一万遍，平均每天唱十遍。

我买了公文出版公司的《童谣卡片》，开车外出时可以播放随书附带的 CD，在家时就看着歌词卡唱给孩子们听。**孩子们在客厅玩耍时，我也可以一边做家务一边唱。** 在家里也可以播放 CD，但我担心这样会变成背景音乐，传不到孩子们的心里，于是坚持自己来唱。

有不少著名歌手也出过童谣 CD，但他们唱得太好了，听着反而容易忽略了歌词。

我想让孩子们听的是歌词。即使唱得不好也没关系，最好还是由父母亲自唱给孩子听。

有时唱着唱着，我会想起童年时母亲也曾同样唱童谣给我听，心里便充满了温暖的回忆。

我的丈夫也会给孩子们唱童谣。他工作很忙，和孩子们一起玩的时间不是很多。在室外他可以跟孩子们练习传接球，可在家里有时好像不知道该玩些什么。这种时候，读绘本和唱童谣都能拉近他和孩子们的距离。

丈夫每次给孩子们唱《故乡》这首童谣，都会在唱到"追逐兔子"这句歌词时，说上一个经典的冷笑话："追兔子可不是因为兔肉好吃哦。"

我不知道孩子们是否记得父母曾给他们唱过一万遍童谣，或者对此有什么想法，也无法验证这些优美的语言是否真的渗进了他们的心里。不过我想或许有一天，当他们偶然听到《故乡》时，会忆起爸爸曾经一边讲着烂大街的笑话一边给自己唱过这首歌的情形。

 **不能对别人说的话也不要对自己孩子说**

在孩子们的幼儿时期，我特别注意说话时用主语加谓语的完整句子，不使用幼儿用语。例如要说"汽车来了"，而不是说"嘟嘟，看嘟嘟！"

无论对话还是写文章，**语言是文化的基础，所以我很注重使用正确的语言。**

孩子们长大一些后，我让他们帮忙做事时，总会同时把"原因"也说清楚。很多人觉得一家人同住一个屋檐下，有些话不说那么清楚互相也能明白，所以经常会省掉一些该说的话。

比如妈妈喊"喂，拿条毛巾过来！"，她自己知道为什么需要孩子帮忙，但孩子并不知道。而如果妈妈同时说明原因，"我正在捏肉饼，手腾不出来，你能帮我拿条毛巾过来吗？"孩子明白了情况，自然会愿意帮忙。

如果家长每次都对孩子说清楚原因，孩子对大人说话时也能说得更清楚。例如有时候孩子会撒娇闹情绪，嚷着"我不想学习""我不想吃饭"。如果平时亲子之间养成了说清楚原因的习惯，孩子也会解释自己这么做的原因。比如：

"我今天觉得很累，不想学习。"

"我在朋友家吃了曲奇，所以现在肚子很饱。"

这样一来，问题就很好解决了：

"那今天就先吃饭，然后只做一张卷子吧。"

"那我给你少盛一点米饭吧。"

有些家长很容易在生气时对孩子大吼："不行！""你干

什么啊！"但我一直提醒自己，不能因为对方是自己的孩子就不讲究说话的方式和语气。

我对孩子说话时有一条准则，就是不能对别人家的孩子说的话，也不要对自己孩子说。当然，我偶尔也会有忍不住想发火的时候，但其实家长和孩子之间也很需要"以礼相待"。

此外，孩子们小时候，即使在心里觉得父母不应该对自己发火也无法反驳，因为他们掌握的词汇太少、表达能力还不够。

但等孩子长大到上了中学，具备了反抗父母的能力之后，就会用父母从前说过的同样的激烈言辞来反驳父母。这种表现只是长期积累的不满情绪的爆发，将其称为叛逆期其实是冤枉了孩子。

针对很多"对叛逆期的孩子毫无办法"的父母，我有一次在受邀做客电视节目时指出只要养育方法得当，孩子就不会叛逆，结果引来了大量质疑。**我觉得，"叛逆证明孩子在成长""有叛逆期，亲子关系才更有乐趣"等说法都不对。** 我相信，只要家长尊重孩子，把孩子当作独立的人来对待，就能平稳地度过所谓的叛逆期。

 ## 培养兴趣爱好要适度

我家的四个孩子都是从一岁开始公文式早教，从三岁开始学小提琴，从四岁开始学游泳。

这样可以确保均衡分配时间和精力，在学习类、运动类和音乐类兴趣班中各报一个（只有小女儿多学了钢琴）。而且公文式早教主要是在家里学习，小提琴班每个月上三次课，所以每周只有一到两天需要外出上兴趣班，时间安排也比较合理。

听说最近大家都在兴趣班上花费很多时间，有的孩子报了四五个兴趣班，忙时每天都要去。

现在兴趣班的种类也更多了。听说因为今后小学将开设计算机编程课，就有家长给孩子报了儿童编程班。可是即使从小就精通当今的 IT 技术，等孩子长大成人时，技术应该已经取得了更多的发展。我觉得对这些未来会发生巨大革新的领域，在小学时花费大量宝贵的时间去学很浪费。

还有英语课外班到现在也仍然很火爆，不过英语的会话到长大以后也能学，何况高考英语更重视对语法的理解，所以我觉得孩子小时候花很多精力去学习简单会话和单词似乎意义不大。

 闲暇很重要,尽情玩耍才能更好成长

在幼儿园阶段,孩子从幼儿园放学到睡觉之前都没有什么任务,这段可以自由自在地度过的时间非常宝贵。至于还没上幼儿园的孩子,我觉得可以每周空出两三天,不安排任何兴趣班,让孩子和妈妈一起去买买东西,或者做做游戏,到晚上吃完饭洗个澡,听爸爸妈妈读绘本之后进入梦乡。

兴趣班可以在学习类、运动类和艺术类各报一个,也可以根据实际情况,游泳只上暑假短期班等,尽量不要让孩子过度疲劳。

在我看来,思考要做什么不重要,思考不做什么,并坚持只做必须要做的事才是最重要的。

而且,对这个阶段的孩子来说,看似普通的玩耍也很重要。

尽情玩耍的记忆会为孩子提供心灵的养分。

我的孩子上幼儿园时,曾经流行过"搓泥球"的游戏。孩子们先用泥巴捏成球,然后滚上一层沙子,做成漂亮的圆球。幼儿园老师还特意准备了制作方法发给大家,孩子们玩得不亦乐乎。像这样尽情的玩耍也会成为一份美好的回忆,为孩子们的成长提供动力。

第 5 章

学龄前：
让孩子爱上学习的好习惯

 **培养学习习惯也要找准时机**

虽说活到老学到老，但小时候学知识更快更轻松。

这个道理是我上小学四年级时发现的。

当时，我在报上读到了一篇新闻，说的是有一位72岁的女士上夜校学写字的事儿。这位女士以前没有机会上学，在孩子都成家后才有了自己的时间，于是她想上夜校学写自己的名字。

新闻中说这位女士花了好几个月的时间才学会写平假名①"あ"，让我感到十分吃惊。因为对于当时上小学的我来说，写平假名并没有那么难，我还以为大人会学得更快。

这件事儿让我意识到，基础知识在小时候学很轻松，而长大后再学就会很吃力。也就是说，人在头脑灵活时学习知

---

① 日语中包括汉字、平假名和片假名。平假名由汉字的草书演化而来，常用来表示日语中的固有词汇及助词，也可以用来为日语汉字注音。平假名的笔画比较简单，一般不会超过三笔，所以日本的孩子上小学之后最先学的就是平假名。

识能学得更快。

所以,我有了孩子以后,就确定了自己的方针:平假名和加减法等基础知识应该尽早学会,而且孩子早点学这些也会更轻松。

在玩耍中迈出学习的"第一步",环境很重要

我的孩子们总是半开玩笑地说:"等我们反应过来,手里就已经拿着铅笔了。"要想把坐在桌子前写字变成生活的一部分,就应该趁早开始,这样的话,父母和孩子都能轻松不少。

我家的四个孩子都是从公文式早教开始学习的。

最早是在大儿子一岁时,我就给他报名参加了当时的"小小学"(little school,现在有面向 0-2 岁儿童的"宝宝公文课堂(baby kumon)")。

当时我要同时照顾一岁的大儿子和零岁的二儿子,每天忙得精疲力竭,报这个早教班原本是为了能让自己有机会轻松一点,不过后来却发现课程内容十分有趣,所以大儿子 5

岁之后又继续参加了"公文式课堂",其他三个孩子也都一个接一个地参加了公文式早教。

公文式学习法会在最初先让孩子用铅笔在纸上随意画圆圈,或者用铅笔把星星或圆形等相同图形连成一条线,帮助他们熟悉笔纸。

这个课程可以让孩子一步一步地逐渐适应写字的动作。

教材可以使用市面上买的练习册,也可以由妈妈亲自制作练习题,只要能让孩子写一写、画一画就行。

铅笔可以使用笔芯最软的 6B 铅笔,写字时不会累。

另外,家长为孩子创造良好的学习环境也很重要。

我在大儿子六岁和二儿子五岁时就给他们买来了学习桌。当时三岁的三儿子也想要,但我考虑到学习桌对他来说太大了,坐在椅子上万一摔下来会很危险,于是就给他买了一套幼儿用的桌椅。他特别喜欢坐在那里用笔在纸上画圈圈。

 **不用规定每天几点开始**

我在前面说越早给孩子们养成学习习惯越好,但实际执行起来可没有这么简单。

妈妈每天要做饭、打扫房间、洗衣服、给孩子洗澡,光是家务就忙得不可开交,况且有些妈妈还要工作。

在做完这些家务的基础上,还要帮孩子接受他之前从未碰过的纸和笔,看着他们坐在桌前写写画画,无论从体力方面来讲,还是从精神方面来讲,都不是短时间就能做到的。

更何况我有四个孩子,比如大儿子六岁时,我还要照顾五岁、三岁的儿子和不到一岁的女儿,所以给大儿子培养学习习惯对我来说并不是一件轻松的事。

所以我给自己定了几条规矩:

①孩子专心玩耍时不打断他。

②不规定每天必须几点开始。

③不在早晨规定当天要完成的任务量。

④可以适当休息,量力而行。

①**对孩子来说,专心玩耍的时间是无可替代的黄金时间**。家长打断孩子的游戏,会给他们留下负面印象,认为学

习会妨碍玩耍，因此讨厌学习。

②无法保证每天都在固定的时间开始学习。孩子的身体情况和心情每天都不相同，每天的天气也不一样。晴好的天气更适合在户外玩耍，待在家学习就有些可惜了。

③如果一大早就告诉孩子"今天要做三页练习"，那么孩子可能一整天都想着这件事儿，感到无形的压力而闷闷不乐。

让孩子学习的最佳时机是孩子精力充沛的时候。比如从幼儿园回到家，吃零食休息之后，或者上幼儿园之前。我没有在早上让孩子学习过，一般都是看他们闲来无事又非常精神的时候，问一句"要不要做几道题"？

时间是每天 10 分钟左右。

做完了规定的页数，学习时间就结束了！接下来就让孩子去做自己喜欢的事吧。如果孩子做完三页练习妈妈又要求再做两页，会打击孩子的积极性，破坏孩子对妈妈的信任。

④遇到孩子（或妈妈）很累的日子，也可以休息不做。

来听我讲座的一位家长曾问我："家长身体不舒服时应该怎么办？"我不假思索地回答他"请马上卧床休息！"

可能有很多人以为我即使生病了也会强撑着给孩子们辅导功课，其实我是个很随意的人。还有人以为我一天到晚都在让孩子学习，但现实问题是，小孩子不可能一整天都集中精力学习。

只让孩子在规定的时间学习，其他时间则用来玩耍，保证充足的睡眠，让孩子的生活张弛有度吧。

学习习惯的养成通常需要半年以上，所以家长们不要急躁，试着慢慢来吧。

 巧用周末和暑假

如果工作日太忙，没有时间学习的话，也可以利用假期的大块时间。

我每天光是照顾四个孩子吃饭、洗澡、哄他们睡觉就已经筋疲力尽，所以我记得有很长一段时间无法保证每天都有空学习。

还有一段时间，我们顾不过来所有的项目，练小提琴就没空做公文式练习题，做了公文式练习题就没时间练小提琴。

遇到这种时候，我会利用幼儿园或小学不上课的双休日、寒暑假等大块的时间，让孩子们集中学习。

不强求,不心急,量力而行。这就是我的秘诀。

 学习习惯的养成得益于没有电视

我家的电视放在二楼日式房间的角落里,这个房间冬天很冷、夏天很热。孩子们基本没有看电视的习惯,上中学后,他们会在有特别想看的节目播出时才到二楼去看。

在忙碌的家务和照顾孩子的间隙,每天挤出 10 分钟学习可不是件容易事。我之所以能确保学习的时间,恐怕要归功于生活中没有电视。

电视节目和 DVD 会无止境地夺走我们的时间。

多亏我们没有被电视支配,每天才能挤出 10 分钟的时间来学习。

 不能着急,习惯要慢慢培养

很多人以为我是从孩子很小的时候开始,就严格要求他们必须在规定时间学习,其实光是照顾他们的生活就让我忙

不过来了。有一次我得知其他妈妈给孩子制定了严格的时间表,诸如"从十点开始,做15分钟练习"等,还曾经为自己的不中用感到沮丧和自责。

不过,后来我开始觉得很多事都是水到渠成的,说得好听点是悟到了最高境界,说得不客气点就是"走自己的路,让别人说去吧"。

我是在大儿子进行如厕训练时改变想法的。一般来说,孩子到两岁半左右就可以脱下纸尿裤,独立上厕所了,据说早的孩子一岁半左右就能自己上厕所。可是忙着带孩子的我一直没有腾出时间训练大儿子如厕,他直到三岁时还穿着纸尿裤。有时听到其他妈妈说自己的宝宝一岁就脱了纸尿裤,或者在杂志上看到"帮宝宝脱掉纸尿裤是母亲的职责",我心里就很不是滋味。我的妈妈也会催我"孩子上了幼儿园还穿着纸尿裤可怎么行",我嘴上总是说到时候自有办法,心里却也着急起来。

然而,就在那个我永远不会忘记的夏日,刚一大早天气就很热,大儿子出了一身汗,他一边喊着"太热了!我不想穿纸尿裤!!"一边自己把纸尿裤脱了下来。一岁半的二儿子看到这一幕,也跟着喊"我也不穿纸尿裤",随即也自己脱下了纸尿裤。我给他们穿上内裤,这就算是完成如厕训练了。两个孩子后来再也没有尿过床，完美地告别了纸尿裤。我想幸亏当初没有因为着急而责备他们。

没想到我的懒人式做法获得了这么好的效果。这次经历告诉我，时机到了，孩子自然会成长，学会一些原本不会做的事。

学写字和学算数的过程也有与此相似之处。

在学习上，家长有必要给孩子提供一些帮助，但做好该做的事之后，家长大可不必着急。学习不是一天两天的事，切勿急于求成。

家长也应该从容一些，以"慢慢就会了""早晚能学会"的心态守候孩子的成长。

从幼儿期开始培养，孩子最终在小学三年级之前一定能养成坐在桌子前学习的习惯，这个时间可以作为参考。

 用各种色彩和贴纸增添乐趣

要让孩子的学习过程更开心，家长有时需要想一些小方法。最好能让孩子把学习视为游戏的延伸。

孩子如果把学习当作必须完成的任务，就容易产生逆反

心理；如果把学习当作游戏，就会很乐意完成它。

比如，在孩子小时候，我不会直接交给他整整一页口算题，而会先用马克笔画上淡蓝色、黄色、粉色的线，自制一份五彩缤纷的作业。

交代孩子做题时，我不会告诉他"把加法题做完"，而是说"咱们今天做粉色的部分吧"。

这样的话，孩子一眼就能看到该做哪些题，简洁明快又漂亮，孩子和大人都能乐在其中。色彩的力量非常了不起，画几条线就能让心情好很多。

在高考复习过程中，用色彩区分不同部分、调节心情也很有效。做习题集时，换一种颜色就能激发学习动力。这个例子也告诉我们，细节上的小变化也可以显著提高学习效率。

孩子们小时候，我还经常用贴画来做标记。比如我在要做的题前贴上小花贴纸，告诉孩子："今天做小花的练习吧。"孩子们都会很高兴。

 **用蜡笔或荧光笔调节心情**

口算练习的题目都是同一种类型，通过反复练习达到熟练的目的，但孩子有时也会觉得枯燥，不想做题。

有一天，孩子说"我不想再做题了！"我便告诉他"你用马克笔试试吧。"

或许是平时没有机会用粗粗的马克笔做练习，孩子很开心地做题去了。

"明天还可以用蜡笔试试哦。"

听我这样说，他更是高兴得不得了。

彩色铅笔、马克笔、粉彩蜡笔等等都可以用来做练习！

考试时当然必须用铅笔答题，但平时做练习时，我会优先考虑如何让孩子快乐地完成练习。

家长应该摆脱必须用铅笔的思维定式，帮助孩子学会口算才是首要目的。

 ## 关于小孩子打扰大孩子学习的问题

很多有多个孩子的家庭似乎都有这样一个烦恼：小孩子打扰大孩子学习。

在讲座后的提问环节，经常有母亲问到这件事，我想这应该是普遍困扰大家的一个课题。

对此，家长可以安排所有孩子同时开始学习。

对年幼的孩子，可以让他们做一些力所能及的事儿，比如画画或拼图。

当然，小孩子做完时，大孩子可能还没有完成，不过小孩子在自己学习期间可以体会到学习的重要性，理解不能打扰哥哥姐姐学习的道理。

 ## 说十遍"快收拾房间"，不如去百元店

"快去收拾房间"这句话也是同样的道理。年纪太小的孩子不知道要收拾什么，如何收拾。所以渐渐地，"快去收拾房间"就变成了背景音乐。孩子每次听到这句话，只会想

"唉,妈妈又在唠叨了",除此之外没有任何实际效果。

所以告诉孩子"快去收拾屋子",不如用实际行动展示给他。

例如可以去百元店买一些塑料收纳盒,孩子要学几个科目就买几个。家长给盒子标上"语文""数学""理科"等科目名称,然后摆在桌子上,告诉孩子:

"把语文课有关的东西全部装进这里。"

这样对孩子说更简单易懂,轻轻松松就能达到整理房间的目的。

让孩子做事情不能只靠语言,要用具体的工具和方法告诉孩子该怎么做。

这种情况下,父母也需要站在孩子的角度,想象一下孩子听到家长让自己"快去收拾屋子"时会怎么想。

 ## 八分轻松、两分挑战的辅导书效果最好

我曾经收到过这样一个提问。

"我家孩子到了学习时间也不拿出辅导书,需要很长时间才能进入学习状态。这是性格使然吗?"

我想这不是性格导致的，恐怕是**辅导书的难度与孩子的能力不符，也就是说，功课的难度超过了孩子能力所及的范畴**。

适合孩子能力的辅导书是指对孩子来说"**八分轻松，两分挑战**"，但家长往往倾向于让孩子做那些"两成轻松，八分挑战"的习题。

如果孩子能做对 80%，做完后只需回顾其余 20%，占用时间也不多。

假设孩子要做两页习题，每页有 10 道题，如果难度超过孩子能力太多的话，他做完后还必须回顾 80% 的部分，也就是 16 道题，这样要花很长时间，带来的压力比较大，会害得父母和孩子都不愉快。而如果难度和孩子的能力相符，做完后只要回顾 4 道题，相对就会轻松很多。

 帮助孩子走上学习的正轨

此外，如果觉得孩子需要很长时间才能进入学习状态的话，妈妈可以帮他拿出笔记本、垫板和铅笔盒。

看到这里，恐怕又要有人反驳，认为"这样一来，孩子凡事都会依赖别人"，但这种情况下，我们的目的是让孩子尽快进入到学习状态。所以孩子做不好的话，妈妈帮帮他就是了。

家长也可以只在最开始陪上 10 分钟左右，等孩子进入学习状态后就对他说，"好，那剩下的你来做吧"。有的家长既想让孩子尽快学习，又想同时锻炼他的主动性，但有时这样未免贪心。如果能不再坚持"必须培养孩子任何事都要独立完成"，家长也能更放松一些。

无论家长怎么教，孩子终究都会长大。很多事情孩子或早或晚都能学会，所以妈妈在最初阶段完全可以多陪陪孩子。

第 6 章

小学低年级：
基础的基础最重要

 **直到高考都要用到的基础技能：读、写、算**

学好阅读、写字和计算至关重要。

尤其是平假名、十以内加法和乘法口诀是最基本的能力，从小学到高考都要用到。（读过本书的读者，您把其他内容都忘了也没关系，但请务必牢记我说的这一点："平假名、十以内加法和乘法口诀非常重要"）。

平假名是日语的基础，其重要性不言而喻。此外，教孩子一笔一画认真写字，也是在培养他认真做好每一件事的习惯。

十以内加法是减法和应用题的基础。

乘法口诀是除法、分数和比例的基础。

反过来说，学好这三项，就相当于完成了小学低年级的所有任务。家长一定要负起责任，想办法让孩子在愉快的氛围中牢固掌握这些内容。

牢固掌握的关键在于认真对待每一道题。

如果态度敷衍不够认真，那么即使做再多的练习也没有意义。

只有认真对待每一个笔顺和每一道题，孩子的能力才会得到提高。

此外，学校现在的课程安排是平假名和十以内加法都要在小学一年级阶段学习。刚升入小学的孩子来到陌生的环境中，本来就很容易紧张，同时还要学习这些格外重要的内容。而且与宽松教育时代相比，最近几年学校教的知识点大幅增加，孩子们的负担也更重了。

有些人认为，家长在上学前教孩子知识容易导致孩子学得不准确，反而不利于学习。但我觉得只要孩子能力允许，与其入学以后从零开始学，不如家长提前教些读写知识更好，而且越早越好。

平假名的读写

 只用挂图很难学会假名

我的二儿子很早就学会了 21 个平假名，我甚至觉得他是

个天才，可是他学会第 22 个平假名却用了整整一年的时间。不知道为什么，"し""い"等一般被认为很好学的平假名他却到最后才记住，现在想起来依然觉得很不可思议。

女儿特别喜欢写字，总爱描摹练习册上的假名。像"あ""ね"等比较复杂的平假名她都会写，但是一直不会读，我也曾经很担心。不过，后来想想她既然能学会写，肯定也能学会读吧。果然有一天，她就自然而然地会读了。

可见每个孩子学习文字的过程都不一样，家长不必操之过急。

在小孩子眼中，文字只是一些直线和曲线组成的一团乱糟糟的东西，他们并不知道这些东西拥有相应的读音和含义。

就算家长反复告诉孩子"这个念'く（ku）'"，孩子也无法想象出'く（ku）'到底是什么东西。所以即使把假名表贴在墙上，孩子也很难学会。有的假名表给每个假名附上包含这个读音的图画，还有一些识字积木，正面和反面分别印着图画和假名，但是对孩子们来说，很难只凭一个例子就把实物和假名联系在一起。

我采用的方法是给孩子看很多张含有某个假名的单词卡片（公文式出版）。

比如学习"く"这个假名时,就有"くつ(鞋)""くるま(车)""くち(嘴)""くま(熊)"等很多张带有插图的卡片。把这些卡片反复拿给孩子看,同时念出读音,孩子大脑中那些乱糟糟的符号就会逐渐被识别为"くつ""くるま"等单词中都包含的"く"。

在一次又一次用卡片学习的过程中,孩子一定能记住这是"くるま"和"くまさん"的"く"。学习假名一定不要着急,不要批评孩子,让他边玩边学效果才更好。

同时反复描摹笔画,假名就会被大脑所识别,扎根在记忆中。

写好平假名的重要性

在孩子习惯使用铅笔以后,就可以开始练习写平假名了。

可以从"く""し""の"等一笔就能写成的平假名开始练习。

每次我强调一定要让孩子"写好平假名",都会有很多母亲说"我的孩子也能把平假名写得很好"。但其实是在我看来，有很多孩子写字都是在敷衍了事。

①握笔姿势要正确

如果孩子把铅笔握得太紧，就会导致用力过大，这样不太容易写好。对小孩子来说，一边用拇指和食指调节力度，一边写字可能确实有些难，但只要反复练习，总有一天能写好。

②运笔动作要学好

教孩子写字时，应该力求完美，教孩子规规矩矩地写好每个笔画。就像单杠选手做空翻动作，如果落地时出现失误就会严重减分，所以孩子写字时，最后的收笔动作也很重要。

这是因为写好平假名是学习的基础。这一步没有学好，会影响到之后所有阶段的学习。

孩子学习的不仅仅是平假名的写法，更是认真做好每一件事的态度。学写平假名的过程可以让孩子领悟到"学习必须认真对待"的道理。

写字不认真的孩子做什么都会敷衍了事。这样的孩子在此后学习乘法口诀、笔算以及社会、理科时也可能打不好基础就继续前进，长大后参加工作也可能漫不经心。

可能也有一些家长会觉得"孩子在学校有老师教写字，

家长不用管"。老师确实也会花时间耐心地教学生写字,但恕我直言,老师要照顾到一个班30多名学生很不容易,难免会有疏漏的地方。

所以这件事不能全交给别人,家长也需要尽力。请家长负起责任,教孩子写好每一个笔画。

我一般来说做事通常不拘小节,绝不是那种刻板而不会融通的人。但我唯独对孩子刚开始学写字这个阶段要求很严格。因为如果对这个部分放松,以后再想补救就需要花费很多时间和精力。

如果孩子到了小学五六年级考试成绩不理想,我想其原因可能就是在低年级时父母没有坚持教好他们。

相反,只要督促孩子写好平假名,之后的片假名、汉字和数字就都可以顺其自然,轻轻松松就能写好。

写好平假名具有非常重要的意义。

尝试多种风格的练习册

写好字是学习的基础。

那么,应该如何教孩子写字呢?

在这个过程中，家长也可以想办法增加学习的趣味性，寓教于乐。

我不会让孩子反复做一本练习册，而是买来各种不同风格的教材和练习册，每天换着做，这样就能给练习增加一些变化。

上小学后，学校也会发放练习册，不过老实说，学校的练习册一般都很缺乏趣味性。相对来看，市面上卖的练习册就好得多，新颖的设计、丰富的色彩、卡通形象等都能激发孩子的兴趣。最近好像还有一本叫作《便便汉字练习册》的独具特色的练习册，很有意思。

我当时买来了差不多能买到的所有练习册。

如果孩子用铅笔写字写腻了，我也会允许他们用蜡笔、马克笔、彩色铅笔等其他文具来调节心情。有一种樱花牌的粉彩蜡笔是能用橡皮擦掉的，这样就不会弄脏孩子们的衣服，减少了洗衣服的负担。

 ## 写不好片假名是家长没教好

不少母亲说孩子写不好片假名[①]。片假名的笔画比较硬,按理说应该更好学,为什么会有孩子写不好片假名呢?

我想这是因为**妈妈看孩子终于学会了平假名就松懈下来,失去了教孩子写字的热情**。我也特别理解这种心情。片假名的使用频率没有平假名那么高,或许这也是很多人忽视片假名的原因之一。

孩子学习片假名时,应该着重区分"ツ""シ""ソ"和"ン"。有些成年人写的这几个片假名也不好辨别,所以家长应该特别留意。

---

① 片假名也是日语的一个组成部分,大部分来自汉字的偏旁部首,主要用来表示日语中的外来语。

专栏　假如我是老师，我会这样教

"假如我是老师，我相信自己能开开心心地教上一整天平假名。"听到我的自言自语，有人问"那你打算怎么教呢？"我就随便说说我设想的授课方案。

首先，第一节课，我会给孩子们读绘本。

读《老鼠与饭团》如何？读完绘本之后，我会从故事的名字中选出三个平假名，让大家来写。

然后我要走走转转，看看孩子们写的是否符合标准，如果没写好的话就让他们再写一遍。

我们的教室里贴有50音图，孩子们学过的平假名都会涂上颜色。

第二节课是连环画剧。就给孩子们表演《桃太郎》的故事吧。

表演结束之后，我会再从标题中挑出几个平假名让孩子们来写。学过的我们就在50音图中找出来涂上颜色。这样的话，随着我们每天学习，涂上颜色的平假名就会越来越多，孩子们看着非常开心，也一定会盼着快点学会剩下的平假名。

第三节课在室外做游戏，运动也很重要。

第四节课是手工课。

每个孩子可以选出自己喜欢的平假名，大大地写在彩纸上，然后用剪刀剪下来，再贴在白纸上，这样就完成了一幅作品。孩子们还可以把彩纸随便剪成喜欢的形状，贴在字的旁边做装饰。

孩子们逐渐学会了平假名之后，还可以用同样的方法教他们写"木""川"等简单的汉字。

学习的理想状态是老师开开心心地教，孩子们快快乐乐地学。

平假名是日语的基础，但老师和孩子们都不必有压力，不用想着"一定要教好""必须得学会"等，只要在游戏的过程中学会就好了。

我特别喜欢这种寓教于乐的方式。

虽然我把自己想象成了老师，但其实这个方法在家里也可以用。感兴趣的家长不妨试一试。

十以内加法

 只要写好 0～9 就够了

只要会写 0 到 9，就可以组合出任意一个数字，对孩子来说相对也比较容易学。

在数字 0～9 中，6、8 和 9 要难写一些。只要慢慢写，多练习，就能写得很漂亮。0 的起点和终点必须接上，如果不认真写，0 很容易变成 6，所以家长一定要把 0 的写法准确地教给孩子。

 用橡皮擦干净也是一种学习

一些妈妈在教孩子写字和算数时很下功夫，但对橡皮的用法却不太在意。**写错的地方用橡皮擦干净，这也是最基本的学习习惯，是培养孩子认真做事的重要细节。**

如果错误的地方擦得不认真，比如在笔算或应用题列式时，纸上还留着没有擦干净的数字，孩子就很可能不小心把

本该已经擦掉的数字算进去，得出错误的答案。

我觉得给孩子用普通的橡皮就可以了，但写错的部分一定要擦干净，这也是学习的一部分。

 ## 十以内加法必须反复练到学会为止

在小学一年级数学课中，最大的难关是十以内的进位加法和退位减法。很多孩子会在这里碰壁。

这部分内容是数学的基础，所以家长应该让孩子反复练习，直到能迅速说出答案。

有些孩子能够很快说出答案，有些孩子则需要一些时间。

人有急性子和慢性子之分，大脑的反应速度也因人而异。反应速度慢的孩子一般来说能够更深入地思考问题。

所以，家长不要因为孩子算得不够快而对孩子发火。当您想发火时，可以站在孩子的角度想一想。十以内的进位加法对大人来说易如反掌，但对只有几岁的孩子来说则是一道难关。

慢热型的孩子经过反复练习也能很快说出答案。有一些妈妈看到自己的孩子做错了几道题，就断定"这个孩子脑子笨"或者"他数学不好"，其实这都只是妈妈的功课没有做到位。

与其感慨别的孩子做一遍能学会的东西自己孩子做十遍才能学会，还不如直接让孩子做十遍就能解决问题。如果是难度更大的问题，那就让孩子重复做上一百遍，直到学会为止就行了。只有妈妈才能做到这一点。

 十以内进位加法表

十以内的进位加法一共有以下 36 个。

```
2 + 9 = 11
3 + 9 = 12   3 + 8 = 11
4 + 9 = 13   4 + 8 = 12   4 + 7 = 11
5 + 9 = 14   5 + 8 = 13   5 + 7 = 12   5 + 6 = 11
6 + 9 = 15   6 + 8 = 14   6 + 7 = 13   6 + 6 = 12   6 + 5 = 11
7 + 9 = 16   7 + 8 = 15   7 + 7 = 14   7 + 6 = 13   7 + 5 = 12
7 + 4 = 11
8 + 9 = 17   8 + 8 = 16   8 + 7 = 15   8 + 6 = 14   8 + 5 = 13
8 + 4 = 12   8 + 3 = 11
9 + 9 = 18   9 + 8 = 17   9 + 7 = 16   9 + 6 = 15   9 + 5 = 14
9 + 4 = 13   9 + 3 = 12   9 + 2 = 11
```

 **不熟练的加法可以贴墙上**

我的大儿子小时候最不擅长计算"7 + 8"等于几。

或许对他的大脑来说，7 + 8 中的某个元素不太好理解吧。虽然他最终也能算出来答案是 15，但总比算其他加法要慢上 0.2 秒左右。这个问题看似不大，但如果遇到 877 + 175 等位数多、7 和 8 也很多的计算，问题就会凸显出来。所以，我觉得应该让他尽早把 7 + 8 这个小问题在还不太严重时就解决掉。

我采取的方法是，**在 30 张复印纸上写下"7 + 8 = 15"，把它们贴到墙上**。然后我还留意了几个细节：

①用各种不同颜色的记号笔写➡丰富多彩的颜色可以让孩子开心。

②斜着贴➡这样可以打造出不同寻常的效果，更容易让孩子留下印象（水平贴容易和墙面融为一体）。

③保持 1 个月➡只贴 1 个星期的话可能不太容易记牢。窍门是要一直贴到孩子记住了为止。

后来，大儿子再遇到 7 + 8 时就不会再卡壳了。

在十以下进位加法中，除了 7 + 8 以外，下面几个似乎也是孩子们容易卡壳的：

4 + 7 = 11
4 + 8 = 12
6 + 7 = 13
6 + 8 = 14

如果孩子有好几个都算得不熟练，家长可以这个月先贴30张"7 + 8 = 15"，下个月再贴"4 + 7 = 11"，下下个月再贴"4 + 8 = 12"……因为同时贴几个的话容易混淆，可以逐一攻克。

或许会有心急的家长认为，一个不熟练的加法就要学一个月，那还没学几个孩子都要升到二年级了。如果有问题不解决，让孩子带着短板进入下一学年，那么他学不会的内容会越来越多，最终就变得讨厌数学这门功课了。"欲速则不达"，先在低年级打好基础才是上策。

 进位加法在应用题中的作用

除了把不熟练的题目贴到墙上,我还会随时给儿子来个突袭。比如,我可能会在他洗完澡出来时问他 7 加 8 等于几,或者早上送他出门时来个出其不意:"路上注意安全,7 加 8 等于几?"也许有人会质疑是否真有必要做到这个份上。我当然也不是板着面孔考孩子,而只是以游戏的方式来帮他巩固一下。

十以内加法不仅是数学口算的基础,在高年级的应用题中也能发挥意想不到的作用。比如,有关速度或分配的应用题中出现数字 15 时,想到"15 可以分解成 7 和 8",或许就会给解题提供思路。看到 15,就想到它和 7、8 有关,有时就能发现通往正确答案的线索。

很多孩子做不好应用题,其实高年级孩子在应用题上碰壁的真正原因说不定就是一年级时的遗留问题。进位加法掌握得不扎实,有时会在意想不到的地方催生短板。

为了培养孩子对数字的应用能力和敏感度,家长也应帮助孩子多做练习,让他能够不假思索地说出 7 + 8 的答案。

数学课本和参考书在讲到 7 + 8 的算法时,会给 7 加上

3凑成10，再把8分解成3和5，得出答案是15。但这种方法对孩子来说可能反倒不好理解。

我觉得不如让孩子直接把7 + 8 = 15当作固定的公式来记忆，这样难度可能更小一些。而且，如果只是单纯的记忆的问题，那么家长也就不用因为孩子算不好而批评他们了。

 **减法总算错？那是加法没学好**

一些妈妈反映"孩子会做加法，但减法总是算错。"

这个问题该如何解决？答案显而易见：

做更多的加法练习！

如果孩子学会了7 + 8 = 15，那么他自然就能推算出15 − 8 = 7、15 − 7 = 8。

所以做不好减法的孩子其实**不是减法没学好，而是加法做得还不够**。有时候他们看上去已经学会了，其实学得还不到位。

这样的孩子先不要反复练习减法，可以回过头去，先把十以内加法做得更熟练一些。

专栏　在浴缸里学数数

我家的孩子都是利用泡澡时间学会了从 1 数到 10、从 10 数到 100 的。最开始的时候，只要像念经一样念出一、二、三、四……就可以。等孩子们能从 1 数到 10 以后，接下来就再接着数到 20、30，这样他们很容易就能学会数数了。至于数字的含义，完全可以等以后再教也不迟！乘法口诀也是同样，一开始就先讲规则和原理的话，对孩子来说难度就太大了。所以不如先让他们学会数数，之后再理解数字和个位、十位等的含义，这样学起来会更快。

孩子们小时候，我的母亲常来帮忙，泡澡时学数数也是母亲带着孩子们做的。我还记得母亲总是让孩子们慢慢数，结果数到 100 时，孩子们都泡得像煮熟的章鱼一样全身通红了，这些情景现在想起来都成了美好的回忆。

孩子们最初像念经一样学会了数数，等他们明白这些经文实际上是数字以后，便可以开始教他们算术了。

除了让孩子数数，我还曾经用一个游戏来帮助他们记忆数字的排序。这个游戏要用到一个画有 100 个格子的磁力板，让孩子们把写有数字的磁铁棋子贴到上面。兄妹几个比赛谁最先贴完，玩得特别开心。他们还曾经在公文式早教班组织的"数字板比赛"中获得冠军。

背诵乘法口诀

 **听 CD 提前学可以更轻松**

小学生一般是在二年级时学习乘法口诀，而我家的孩子们在幼儿园阶段就已经提前背会了。

我并没有让他们特意努力练习背诵，而只是在车里播放了乘法口诀磁带。孩子只听了 40 分钟就背会了。

小学教乘法口诀时，一般是先从 1、2 的口诀开始慢慢教，最后教到 9 的口诀。孩子们在学校学完以后，回到家也要背诵，这样做既费时间又费力气。只要合着音乐朗诵，孩子们就会像唱儿歌一样背会乘法口诀，年龄越小背得越快。这种方法既省时又省力。

我的孩子们当年听的磁带如今已经买不到了，不过现在市面上有很多CD，家长们可以试一试。可能对每个孩子来说，合适的CD也不一样，可以多找几种来比较一下。

江户时期的素读法效率高

小学课堂上，老师让学生背诵乘法口诀之前会先讲解乘法的含义。

比如有三个盘子，每个盘子里有两个苹果。$2 \times 3 = 6$，所以一共有6个苹果。孩子们听完这样的讲解，还是不明白$2 + 2 + 2 = 6$和$2 \times 3 = 6$有什么区别。从教育理论的角度来看，这或许是正确的教学步骤，但我认为对孩子来说，这种教法可能更不好理解。

据说在江户时期，武士子弟进入汉学塾后要先跟着老师朗读《论语》等经典篇章。这种不理解含义、只照着字面朗读的做法被称为"素读"。据说先背诵下来之后再听老师讲解，可以理解得更快。

乘法口诀也可以采用这种方法，让孩子先背会之后再听讲解，他们可能就会恍然大悟，很快领会其中的道理。

在家里，家长可以先让孩子背会乘法口诀，不要在讲解乘法原理上花时间。

"先背诵再理解"的方法有助于孩子更快更好地理解学习内容。

 孩子真的背会乘法口诀了吗

听 CD 背诵也好，逐行记忆也罢，总之请一定让孩子反复练习乘法口诀，直到能流利地背诵为止。很多孩子对乘法口诀的第 6、7、8 行都掌握得不太扎实。

如果同时学习好几行，孩子记错的地方就不容易发现，所以妈妈可以一行一行地检查孩子的背诵情况，确认背会之后再继续下一行。

孩子全部背会后，家长还要进行抽查。从口诀表中随机选出乘法算式，看孩子能否马上说出答案。

家长也可以准备 81 张口诀卡片，正面写上乘法算式，背面写上答案，让孩子反复练习，直到任何一张卡片也难不住

他。使用学校发的或者是市面上买的卡片都可以。

乘法口诀不仅是数学的基础，也是所有学习的基础。

孩子必须彻底掌握乘法口诀，除了能流利背诵出来以外，还要能马上说出抽查练习的答案。家长也可以把孩子答题的时间记录下来，看着自己答题的速度越来越快，孩子也能从这种游戏中获得成就感。

至于乘法口诀到底要背到什么程度，我很难用两句话说清楚，不过"差不多能背下来"肯定是不行的。如果孩子能背到"完全不出错"的程度，也还需要再进一步提高准确度。如果一定要说需要掌握到什么程度的话，我想就是要尽量达到超越常人所能想象的境界吧。请向着这个目标努力。

这个形容或许有点怪，我当年让孩子把乘法口诀背到了令别人难以置信的程度，曾经有人对我说："真不敢相信，你竟然让孩子做到这种地步！！"

 按照孩子的节奏一点点慢慢来

前面我也多次提到,不能因为孩子做不好,就批评孩子或家长自己陷入焦虑。

家长最不应该的一句话是:我的孩子不擅长学习。

乘法口诀没有擅长与不擅长之分。

有的孩子很快就能背会,也有的孩子总也背不下来,但这只是他们的性格使然,并不代表背得慢的孩子智商低或者不用功。

乘法口诀需要的是背诵,不是理解,只要反复练习就能熟练掌握。因此,家长没有必要因为背不好乘法口诀而批评孩子。

如果别的孩子很快就背会了,而自己的孩子读了10遍还没有背下来,那就让他读20遍就是了。举个极端的例子,如果孩子需要读1000遍才能背会,那家长就陪他读1000遍就行了。

坚持陪着孩子读1000遍乘法口诀,只有妈妈才能做到。

如果短时间内背不会,那么就每天背一点,循序渐进。

乘法口诀通常是二年级学习的内容,如果孩子二年级没

背会,那么就让他上三年级继续背。与其凑合过去,留下这个短板到六年级时吃苦头,还不如在低年级时多花点时间把基础打扎实。从长远来看,这种做法才是捷径。

 除法总算错?那是乘法没学好

前面提到减法有的孩子总算错是因为加法没学好(参见第 129 页),除法和乘法也是同样的关系。

一些母亲发现"孩子除法学得不好",那是因为孩子的乘法(乘法口诀)学得不够扎实,或者说有一些部分记得不牢靠。所以这种情况的孩子需要复习乘法口诀,补上之前的漏洞。

名牌初中入学考试的计算题涉及多位数字,很复杂,但**只要背好乘法口诀,培养对数字的敏感度,做题时孩子就可以根据直觉找到能够整除的数,得出正确答案。**

小学四年级开始学习多位数计算、小数、分数、正反比、坐标图、图形、面积、体积等内容。有很多家长觉得内容难度越来越大,担心孩子跟不上。其实这些内容的基础可以说都是十以内加法和乘法口诀。

遇到学着费劲的内容，先别急于往下学，可以回过头来复习加法和乘法口诀。

 **基础练习题摞起来足有半米高**

平假名、十以内加法和乘法口诀，对这三项内容请家长一定要负起责任，帮助孩子打好基础。如果孩子能把这三项做到完美的程度，甚至可以说就相当于已经掌握了小学的所有内容。

我的孩子们在这三项上做过的练习如果摞起来，应该都能达到 50 厘米厚。

我这样说可能又会有妈妈说"我可不像你那么有毅力去督促孩子学习"，但其实学习并不需要靠毅力。

以平常心淡然面对学习，就不会觉得辛苦。如果偏要给学习一个意义，逼自己刻苦努力，反而不能长久。我们应该把学习变成日常生活的一部分，就好比棒球手每天都会做挥棒动作来练习一样。

专栏　钟表和货币用实物学得更快

我想给"孩子不认识钟表"的妈妈们一个建议。

挂在高处的挂钟,孩子不容易看到,所以家长应该尽量把钟表摆放在孩子容易看到的低处,并且一有机会就告诉他们现在是几点,让他们熟悉时间的概念。久而久之,孩子就会认钟表了。

教孩子认钟表还有一个窍门:可以用实物代替玩具钟表或数学配套教具里的钟表。很多孩子用假的钟表学习时间时无法集中注意力,也许假钟表让孩子潜意识中感觉到不够真实吧。

孩子学习货币金额时也可以用实物。货币是小学一年级学习的内容,在家复习时,可以用真钱代替儿童银行游戏中的假钱。

孩子实际体验到货币的感觉,计算该找多少零钱也会学得更快。

小学毕业前:
别留短板和弱项

 ## 用"学习计划"来攻克弱项

例如假设孩子上小学四年级后经常出现计算错误，家长觉得可能是乘法口诀没学好的话，就可以帮孩子制定一个复习乘法口诀的计划。

如果一下子制定出长达一个月的复习计划的话，孩子可能会对此产生抵触心理，所以可以先制定一个一周左右的计划，然后反复练习，这样效果可能会更好。

家长可以帮孩子准备一本笔记本，每页分成左右两半，左侧写上①要复习的内容和②计划什么时间复习，右侧记录实际执行的内容。

即使内容不多，我们一般在三天之后也会忘记自己当时做过什么。如果把做过的内容用笔记本记录下来，就能直观地看到孩子的成长。相反，如果学习过程中不做任何记录，那么即使没做也会有一种做了的错觉，无法取得更好的成效。

不仅如此，把学习计划写下来，孩子一看便知道什么时

间应该做什么，也可以减轻因为想着必须要学习而产生的压力。用这种方法，每天只要以平常的心态完成计划即可，还可以省去对学习进度和能否产生效果的不必要的担心。

第 143 页的"乘法口诀复习计划"是一个最简单的例子，可以作为基本计划。

例如假设孩子下周有汉字听写测验，必须记住 30 个汉字，就可以在这个基本计划上再加上每天学习 5 个汉字这一项。

孩子的身体状态和情绪有可能每天都不一样。如果连续几天都要为运动会提前训练，可能身体就会很疲惫。所以对没能按计划完成的内容，家长可以视孩子的状态重新制定宽松一些的计划。即使计划没有按期完成，家长也不要急躁，放到第二天再学便是。

如果学校要进行汉字听写测验，家长可以提前帮孩子定好计划（参见第 144 页）。即使孩子有一些掌握得不太好的内容也不要对孩子过分施压，一定要根据孩子的能力慢慢来。即使是最坏的情况，四年级的内容等孩子升到五年级时能学会就行。

不过，帮孩子查缺补漏一定不要半途而废。因为如果**基础知识掌握不牢，之后再怎么努力也很难提高成绩**。

乘法口诀复习计划示例

计划	执行情况
10月2日（星期一）	
7点30分 起床、早饭	
2、4的乘法口诀	2的口诀◎ 4的口诀×
8点10分 上学	
16点　　放学	
17点　　作业	
3、5、9的乘法口诀	3的口诀◎ 5、9的口诀×
18-19点　晚饭	
6、7、8的乘法口诀	6、7的口诀◎ 8的口诀×
10月3日（星期二）	
7点30分 起床、早饭	
6、8的乘法口诀	6的口诀◎ 8的口诀×
8点10分 上学	
16点　　放学	
17点　　作业	
2、5、7的乘法口诀	2、5的口诀◎ 7的口诀×
18-19点　晚饭	
3、4、9的乘法口诀	3、4、8的口诀◎ 9的口诀×

★2到9的乘法口诀可以把顺序打乱，这样背诵更有助于记忆。

★把没完成的内容挪到下一个时间段的话，下一个时间段的学习量就会增加，孩子可能产生抵触，所以可以只学事先计划的内容，没完成的部分安排到晚上的空闲时间或者延到第二天，尽量不给孩子增加负担。

乘法口诀复习和汉字测验复习示例

计划	执行情况
10月2日（星期一）	
7点30分　起床、早饭	
2、3的乘法口诀	2的口诀◎　3的口诀×
8点10分　上学	
16点　　　放学	
17点　　　作业	
4、5、6的乘法口诀	4的口诀◎　5、6的口诀×
"爱、协、最"	爱◎　协◎　最◎
18—19点　晚饭	
7、8、9的乘法口诀	7、9的口诀◎　3、5的口诀×
"初、唱"	初×　唱×
10月3日（星期二）	
7点30分　起床、早饭	
6、8的乘法口诀	6的口诀◎　8的口诀×
8点10分　上学	
16点　　　放学	
17点　　　作业	
2、5、7的乘法口诀	2、5的口诀◎　7的口诀×
"烧、健"	烧◎　健×
18—19点　晚饭	
3、4、9的乘法口诀	3的口诀◎　7、8的口诀◎
"艺、竞、旗"	9的口诀×
	艺◎　竞◎　旗◎

总结
- 制定计划要考虑孩子的实际情况,不要过于勉强。
- 做一个专门的"学习笔记",把"计划"和"执行情况"都写下来,完成的内容画◎,未完成的画 ×。

 **弱项要从三年前的内容开始补**

孩子有些科目或内容总也学不好,说明以往的某些知识点没有掌握好。与其花很多时间硬啃新知识,不如回过头去复习,这样效果会更好。

例如上初三的孩子数学学得不好,很多父母会想到应该从初一学的内容开始复习,不过如果再往前倒推三年,从小学四年级学的知识点开始复习呢?

可能大家会觉得复习四到六年级的内容要花费太多时间了,但其实孩子毕竟已经学过一遍,全部复习下来充其量也就三个月左右就够了。家长可以买一些比较薄的习题集给孩子做。

假如孩子上初三时英语成绩不理想,可以从初一的内容开始从头学,全部复习一遍也不会占用很多时间。

像这样回头复习以往学过的知识以后,孩子的成绩一定能提高。

语文的学习方法

 汉字第一次写时最重要

很多妈妈对如何教孩子写汉字感到困惑,其实学写汉字只是"认真写字"的基础上更进一步而已。

在孩子学汉字之前,家长应该确认孩子已经能写好平假名。

小学六年期间,孩子需要掌握的汉字只有 1006 个。家长应该把它视作人人必会的基本素养,确保孩子一定要学会这些汉字。

在学写汉字的过程中,最开始的阶段最关键。

遇到一个新学的汉字,可以让孩子按照笔顺一笔一画写下来,尽量写得大一些。家长一定尽量在旁边看着孩子写

字。如果孩子记错了，日后再想改过来就难了。

笔顺是人们长久以来琢磨出来的，能够确保让汉字写得最美观，所以学写汉字一定要按照正确的笔顺来写。此外，按笔顺书写还有助于孩子记住汉字的写法，提高学习效率。母亲的叮嘱也可能留在孩子的脑海中，成为帮助孩子记忆汉字的线索。

1006个汉字当中也包含一些字形复杂或笔画很多的字。学写这类汉字时，可以用大一些的纸，或者把练习册放大复印，让孩子看得更清楚。

不仅写汉字需要大一点的空间，在很小的空白处做计算题也很容易出错。不可思议的是，大一些的答题纸会让孩子觉得题目很简单，而且因为可以看得更清楚，孩子写字也会写得更规范，而不是蒙混过关。

 ## 成语和谚语可以从报纸上找例句

学习四字成语和谚语对孩子来说有一定难度。因为孩子的世界里很少会用到这些词语。

报纸有助于帮助孩子理解四字成语和谚语，让他们知道

实际生活中也会广泛用到这些词。报上的文章一般都需要用较短的文字来把意思说清楚，所以经常用到这类词语。

比如政治版面上常有"○○已陷入四面楚歌的境地""这样做如同杯水车薪"等用法。每当在报纸上看到孩子们学过的词句，我都会用马克笔标出来，拿给孩子们看："瞧，这个词是这么用的。"

 ## 阅读量并不与语文成绩直接挂钩

很多人认为，要做好语文的长篇阅读理解必须积累很多阅读量，多读书的孩子语文自然能学得好。我不太认同这个观点。

阅读原本属于娱乐的范畴，和学习是两回事。

阅读并不会立刻转化为成绩，要想通过阅读来提高语文能力，必须花费很多时间阅读大量书籍。

要提高语文长篇阅读理解的成绩，最佳方法还是做题。

孩子自己读题有助于理解文章的内容。我辅导孩子做长篇阅读时，是先把文章读给孩子听，再让他自己去读问题，之后再去做题的。

如果希望培养孩子的阅读习惯，家长应该以身作则。如果妈妈从来不读书，孩子通常也很难养成阅读的习惯。

数学的学习方法

 妈妈读题更有助于孩子理解应用题的含义

很多家长似乎都有这样的烦恼：孩子会做计算题，却不会做应用题。

应用题不仅需要数学能力，还需要语文的阅读理解能力。对孩子来说，既要理解题目的含义，还要列出数式计算出答案，所以难度比较大。

孩子不会做应用题时，母亲可以先把题目读给孩子听。

假设孩子遇到这样一道题：4块积木是2块积木的几倍？

孩子只看文字可能不太容易理解问题的意思。妈妈可以慢一点，一边念着"4块积木（停顿一下）是2块积木的（停顿一下）几倍？"，一边同时用手比画出4块积木和2块积木的样子，帮助孩子弄懂题目的含义。

孩子读不懂题肯定有原因的。但家长有时不知道孩子哪里读不懂，一着急就会批评孩子。

我觉得家长应该站在孩子的立场，设身处地地想一想他们哪里没读懂，为什么读不懂。

 **应用题也可以靠背诵提高解题能力**

孩子进入高年级以后，应用题也变得越来越复杂。

应用题也和计算题一样，可以通过大量做题掌握解题技巧。如果我说"应用题需要背诵"，肯定会有人反驳我说，"数学题必须长时间独立思考，才能提高孩子的理解能力"。数学家要创造出能够获得菲尔兹奖级别的新理论时也许是这种情况，但考试要求孩子必须在短时间内得出正确答案，重点在于掌握题型和相应的解题思路，为此需要大量做题。

我的四个孩子都曾在小升初辅导班浜学园接受过数学课主管村田龙祐老师的指导。他把经过长时间深思熟虑的解题方式称为"自力型数学"，认为随着题目难度的增加，靠这种方式提高分数的效果会越来越低。因为用这种方式解每道题都需要花费很多时间，因此孩子就无法完成大量题目。相比之下，他更推荐孩子们理解并记住解题方法，还把这种方式叫作"记忆型数学"。

他说，"确实有一些孩子在做数学题时很有天赋。但不大量做题，这些孩子的成绩也会逐渐落后。相反，即使是被认为没有数学天赋的孩子，也能在大量做题的过程中逐渐掌握解题方法，拿到更好的分数。"

我很赞同村田老师的观点。

我家的男孩们上高中时，最不喜欢做"有多少种情况"类的题。比如"几颗骰子可以掷出多少种数字组合"之类的问题。

大儿子曾说，攻下这类题目"只能靠多做题"。题做得多了，考试时就能想起"两个骰子会有这么多种情况"，可以直接拿来用。高考试题其实就是多种不同题型的组合，平日里的积累一定能帮助孩子得出正确答案。

至于需要做多少题，我想10道、20道肯定是不够的。家长和孩子应该做好心理准备，用一两百道题来反复练习，如果还是不够，那就做够上千道，直到百分之百掌握了为止。

社会和理科的学习方法

 **该背诵的内容要背牢**

社会和理科的学习需要从背诵知识点开始。

接下来，便可以利用习题的集中练习进一步巩固已经记住的知识点。

在学校要进行测验之前，还可以再通过做题来复习测验范围内的知识。

 **通过新闻了解现实社会问题**

社会科的简答题孩子们也常常做不好，这类题也可以通过新闻来加深理解。之前我曾经在报纸上读到过一篇新闻，写的是一对老夫妻为养老金发生争执，最终还闹出了人命。孩子们在公民课上也可以学到养老金的相关知识，但他们社会经历尚浅，很难对这方面内容产生深刻的印象。于是，我便把这篇报道读给他们听，顺便谈谈自己的感想：对老年人

来说，养老金就是如此重要。

结合实际发生的社会事件，可以使原本只存在于课本和参考书上的知识变得更加真实和立体。

孩子们可以通过新闻感受到"自己生活在真实世界中"，体会到所学知识的重要性。

地图册要买五本

社会课所学的山脉、洋流、河川、火山带、行政区划及政府驻地、工业地带等的主要产业，以及关于特产、传统工艺等知识，可以通过在空白地图上做标记的方法来掌握。

为了保证随时都能翻开查阅，相同的地图册我一共买了五本。一本给孩子们用，一本给我自己用，其余三本放在书架上或者房间的其他地方，方便大家想看时随手就能拿到。

给孩子辅导功课时，家长也凑到一起看同一本地图册会很不方便。如果能人手一本的话，用起来会轻松很多。

需要购买地图册、资料集或课本时，可以直接联系出版社邮购，或者从教材经销商处购买。现在很多书都能从网上买到，家长也可以先在网上搜索一下。

 习题集可以贴上索引标签

妈妈就相当于孩子的"经纪人"。给孩子提供便于学习、能集中精力学习的环境是妈妈的职责。

比如,妈妈可以事先给习题集的每一章贴上索引标签,注明"第 1 章""第 2 章",这样孩子就能马上翻到想找的那一页,不仅能更快进入学习状态,还节省了翻书的工夫。

可能有的家长认为,就算能省下时间,也不过是微不足道的 2 到 3 秒而已,但其实在这些细节上下点功夫,就能有效提高孩子学习的效率。

我听说在丰田汽车的工厂里,为了不断提高效率、推动生产顺畅进行,人们一直在研究零部件和工具应该如何摆放在哪里等问题。这就是确保最高水平工作效率的闻名全世界的"丰田式"管理方式。孩子学习的过程也同样可以借鉴这些方法。

贴标签不过是一个微不足道的细节,却能够帮助孩子提高学习成绩。

 错题是宝贝，只看不该错的就可以

试卷发回来之后，家长不要只看一眼分数就开始批评孩子，或者追问全班的平均分来做比较。高考入学考试以外的所有考试，都是了解孩子哪里学得还不够好的重要信息来源。

家长应该注意，回顾试卷时，不必把所有错题都重做一遍。

假设孩子答错了五道题，把五道题全部重做一遍会给孩子增加负担，让孩子厌倦学习。

家长可以先仔细分析一下这五道题做错的原因。

孩子答错题可能是因为根本没有读懂问题，也可能是他其实已经做对了一半却因小错失分。如果有两道题是失误导致，有三道题则是完全超出孩子的能力范围，那么可以放弃那三道题，只把两道本不该错的题重做一遍。这样不仅节省时间，还能提高孩子的积极性，让他更积极地学下去。

只要坚持反复练习，把"只差一点的两道题"彻底学会，孩子的实力也能越来越强。

 可以上辅导班，但不能全靠辅导班

如果孩子的薄弱科目一直得不到提高，家长也可以考虑帮孩子报个辅导班。

我的孩子们也都从辅导班老师那里得到了很多帮助。有一位老师编写的日本史练习题既很容易理解又包含很多深入内容，孩子们总是迫不及待地盼着上他的课，而我也是每次等孩子们把练习题带回家，就立即夺过来仔细学习。

不过，如果家长给孩子报了辅导班之后就不闻不问的话，孩子的成绩还是很难提高的。

既然报了辅导班，**家长就必须关心孩子有没有认真完成辅导班留的作业，以及孩子测验的成绩有没有提高。**

那些以为报了辅导班就万事大吉的家长，在看到孩子成绩没有提高时，总会怪老师教得不好，或者认为辅导班的教学方法不适合自己的孩子。

 让孩子"给妈妈讲课"

如果家长想知道孩子是否真正掌握了所学的内容,可以让孩子来教自己。如果孩子能讲得一清二楚,让妈妈也都听懂了,那就说明他已经把该学的完全学会了。

我曾经在大儿子参加小升初考试之前,让他给我讲解有关"速度"的问题。他讲得非常浅显易懂,我也由此得知他这部分内容学得很好。

孩子对知识的理解程度按照由低到高的顺序可以分为以下几个级别:

Ⅰ级 上课时能听懂

Ⅱ级 测验时能做对

Ⅲ级 模拟考试中能拿到分

Ⅳ级 入学考试被录取

然而,比这些难度更高的一级是:

Ⅴ级 能够教别人

只有孩子把知识消化吸收成为自己的一部分,才有可能教会别人。把复杂的事情浅显易懂地讲解清楚才是理解的最高境界。

第 8 章

初高中阶段:
靠做题迅速提高成绩

 ## 重视小测验和期中、期末等定期考试

高考备考阶段之前，孩子们完全可以多参加社团活动，尽情享受校园生活。

不过汉字、英语单词等内容的小测验也不能忽视。因为**平时不重视小测验，大考也很难一下子取得好成绩**。人都是有惰性的，而小测验正好可以为学习提供动力。

期中和期末等定期考试也很重要。即使复习时记住的内容在考完试后马上忘记也没关系。因为我们以为自己忘记了，其实下次复习时大脑中还留有印象，会比第一次学习时理解得更快，花的时间也更少。

期中期末考试可以不必想得太远，只考虑眼前的分数即可，在备战高考时也能够提供很大的帮助。

期中期末考试的复习可以从考试前两周开始。

应该优先复习需要较多时间的背诵项目和薄弱科目。语文考试只要提前把汉字都记住，之后就会轻松很多，接下来

是数学和理科的复习。这样孩子就可以制定出比较宽松的计划来完成复习。

如果孩子不会独立制定学习计划，妈妈可以帮忙。孩子们上初二之前，我也曾经陪他们一起制定考试复习计划。

遇到瓶颈及早补救

我的孩子们上学时，学校是从初一开始教英语的。刚开始时内容很简单，但也有些孩子会在学字母时就遇到困难。有些孩子终于考上了名牌中学，摆脱了小升初考试的紧张感便对学习松懈下来，所以家长应该随时留意孩子能否跟上学校的进度。

和其他学科一样，英语也有"必须背会的内容"。例如单词、惯用语、名词的复数形态、动词一般现在时第三人称单数如何加 s、动词的变形等等，孩子都必须背熟和掌握。这些内容是只要反复记忆，谁都能学会的。如果连必须背会的东西都不背，成绩肯定上不去。

 英语先学句型

英语语法可以先从句型开始学习,长篇阅读理解往后放一放也来得及。文章是句子的集合,只是在句子的基础上多少加入一些伏笔和特有表述。读不懂单句的学生不可能理解更长的文章,所以优先学习句子是提高英语成绩的捷径。

从公立初中毕业的孩子在升入高一后,很容易在英语的学习上遇到困难。因为升入高中后,英语的难度会一下子增加很多,即使是初中时擅长英语的学生也可能在高中遇到瓶颈。家长一旦发现孩子可能跟不上,应该及早帮孩子进行强化。

例如假设孩子没学好完成时态,那就只做完成时态的练习。购买习题集时,家长应该先查看一下习题集中的单词水平。不要为了顺便增加词汇量而让孩子做单词太难的习题集。既然做题的目的是掌握完成时态,就不该浪费时间去查单词,因此应该选择单词简单易懂的习题集。

还有一个窍门是,尽可能选择薄一点的习题集。这样孩子可以很快做完一本书,更有成就感。如果希望进一步提高知识掌握的准确度,那就反复做题,把知识实打实地转化成

自己的东西。如果要直接在书上答题，不如就一次买来五本相同的习题集，让孩子做五遍。从第三遍开始，孩子答题的速度就会一下子快很多，这样他做题的过程也会更开心。经过这样的练习，曾经是弱项的完成时很快就会变成孩子的拿手项目。

数学要记住解题模式

数学学习的要点是记住解题模式。

可以让孩子把每道题都在练习本上用一整页来解答。如果有哪道题做错了，可以在下方的空白处用红笔注明原因。计算错误要写清楚是哪一步错了、怎样错的，如果是根本没有读懂的问题，可以注明"看了答案之后明白了"。

通过这样的反复练习，孩子就能逐渐摸清解题模式。

 **提高成绩靠做题，学懂了四成就去做题！**

提高成绩的最佳办法就是做题。孩子通过课本或参考书大致理解了所学的内容之后，就可以赶紧去开始做题。

这就好比学做一项工作，坐在桌子前听到再多的讲解也不会真正掌握，必须参与到实际工作中，才能理解工作的方法。

实际上，有些孩子们很害怕做题，因为刚开始的时候老是做错。我建议自己的孩子做习题时，他们也不太情愿："先不用吧，等我把内容再学透一点……"我则坚定地告诉他们，"你一辈子也不可能完完全全地学透！"一定要督促他们去做题。

以文言文语法为例。孩子们只要从课本和参考书上大致学会了"助动词的变形和含义"之后，马上就可以开始做题。

只要感觉学会了四成左右，就可以开始做题了。

当然，一开始肯定做不对。

不过就算满篇都是错的又有什么关系呢！

哪道题做错了，可以用红笔抄上答案，然后继续往下做。这样做下来，孩子就能对考试的出题套路和风格有一个整体的把握。这是提高分数最有效的方法。

把同一本习题集多做几遍，正确率自然会越来越高。做到三遍时，孩子应该就能完全掌握了。如果三遍还不行，那就再做第四遍、第五遍，直到全对为止。只要能达到掌握知识的目的，做一遍和做五遍都可以，并没有优劣之分。

学习也像工作一样，都需要在实践中提高。请家长支持孩子鼓起勇气跳进题海。不论数学、理科、社会、英语还是其他科目，都适用这个方法。

我家也备有一系列的参考书，但基本没有派上过用场。我们的方针就是，"参考书仅用于参考"。

也有的学习方法会鼓励孩子一边看课本或参考书，一边自己把内容整理成笔记，但这样往往很浪费时间。

尽快开始做题的方法更能帮助孩子在短时间内掌握所学内容。

 ## 学习时犯困说明方法不对

学习的窍门就是要注重效率。有的人认为一边读参考书一边用马克笔划出重点也是一种学习方法，但就怕孩子划了很多条线，却并没有真正记到大脑里，最后学着学着就困了。如果孩子在学习时常被睡魔袭击，家长就应该考虑是不是学习方法有问题。解决这个问题的方法就是把更多的时间用来主动学习。从这个角度来看，也是重心放在做题上会更有效。

想把课本完全吃透的努力一般都是无用功。做英语语法题和长篇阅读理解题时，把题目中出现的生词查出来并记到单词本上的做法也不会有太大效果。既然做题的目的是学习语法，那么就应该不管单词，继续往下做。各个方面都追求完美主义的做法，在备考的过程中其实是不利的。

 ## 习题集无须按顺序做

做习题集时，如果从第一页按顺序做到最后一页，一般

需要很长时间，往往孩子做到一半就放弃了。既然没有必须从头开始按顺序做的规定，家长完全可以想办法让孩子做得更开心。

例如假设孩子到了初二发现数学学得比较吃力，需要回过头复习初一的习题集。

因为这份习题集之前已经做过一遍，孩子应该大致都能理解。这样的话，就不用按顺序从第1题做到第100题，可以让孩子先做第1题、第10题、第20题，做到第100题之后，再做第2题、第11题、第21题等。

关键在于让孩子暂且尽快做到最后一页。人都是看到了终点才会安心。我们登山时看得到山顶，清楚自己处在什么位置，就可以保持动力；而如果一直看不到山顶，不知道自己还要爬多久才能到山顶的话，我们就会越来越感到不安和疲惫。

在学习的过程中，尽早俯瞰全局，认清自己所处的位置和水平，就会轻松很多。

 换个笔记本，换个心情

反复做习题集的过程，可以帮助孩子把知识学得更扎实。

不过也有人说，"孩子反复做同一本习题集的话，会不会已经把题目背下来，没法真正提高实力呢。"其实人的忘性是很大的。除非是记忆力超群的天才，一般人很难记住整个题目和答案。即使做过很多遍的题，有很多人都是再遇到时看着也还是像新题。

如果觉得重做一整本太难了，也可以只做一部分，比如只做偶数页。

同一道题做第二遍、第三遍时，也可以换用内页颜色不同的笔记本，以便增加做题的乐趣。比如第一遍用白色的笔记本做，第二遍就换成黄色或粉色内页的本子，这样孩子的心情就会焕然一新，做题的效率也能提高。这种细小的变化，却常能发挥意想不到的作用。在注重高效学习的同时，也应该想办法增加学习的趣味性。

 不布置任务量,做够时间就可以

制定学习计划也有技巧。

除去睡觉、上学、晚饭等固定的生活时间和完成学校作业的时间之后,就能知道每天可以有多少时间用来攻克弱项。假设这个时间是一小时的话,如果规定任务量,让孩子"每天做〇页习题集",他可能就会感到有负担。

何况即使规定了每天占用一小时,计划也常常赶不上变化。孩子有时候可能会需要为校园文化节做准备,也会有身体不舒服的时候。所以只要规定"每天能做多少做多少"就行了,这样更能让孩子感觉轻松一些。

不过另一方面,也必须定好目标,例如"把习题集做两遍"等,让孩子用心做好每一道题(我曾经告诉孩子们"想象自己这辈子再也没机会遇到这道题了,用这种心情去认真对待每一道题")。这样做题虽然像老牛拉车一样慢,但可以稳固提高孩子的成绩。

 逐一攻克薄弱科目

孩子成绩不理想,往往是因为以往学过的知识中有一些内容没有掌握好,需要回过头补上漏洞。

没有掌握的内容太多,不知该从哪里入手时,可以选一个比较容易的开始。

比如数学成绩不好,可以从几何和代数中挑一个自己喜欢的开始。同时学习两方面的内容的话,可能比较容易中途放弃。

我在高中教英语时,曾经有一名学生问我:"老师,我英语总是学不好该怎么办?"当时他连简单的英语单词也不会。于是我就给了他一些练习试卷,让他坚持做题。没想到,他又接着说:"其实我数学也学不好。"

我觉得同时复习英语和数学,对于基础本来就不够扎实的他来说负担太大了,于是建议他"先集中精力学好英语吧"。

这名学生很认真,他按照我的要求坚持复习,成绩果然不断提高,最终连高考中的高难度题目都没有难住他。

只要一个科目的成绩提高了,学生就有了动力,于是在

接着开始复习数学。

所以如果孩子有两个科目都学得不太好,可以先放下一个,集中精力复习另一个。只要能先解决掉眼前的一个难题,孩子的心里也会踏实和从容很多。

一个科目连续学一周,让大脑更活跃

复习薄弱科目时,如果从星期一到星期五集中复习同一个科目,记忆就能产生连贯性,大脑也能对这门科目更为熟悉,从而活跃起来。

例如需要复习数学和英语时,**与其把每天的时间平均分给两个科目,不如前一个星期学英语,下一个星期学数学,这样的效率会更高。**

连续一星期复习同一个科目,便可以一口气学完一个单元等,这样更有利于知识融会贯通在一起。如果还想再多学几天英语,也可以把复习数学的时间延后一星期。

决定"本周只学英语"后,便可以排除很多干扰因素,时间利用效率也会更高。

学习日程规划示例

星期一：英语、数学
星期二：英语、数学
星期三：英语、数学
星期四：英语、数学
星期五：英语、数学
星期六：英语、数学

◎本周　　◎下周
星期一：英语　　星期一：数学
星期二：英语　　星期二：数学
星期三：英语　　星期三：数学
星期四：英语　　星期四：数学
星期五：英语　　星期五：数学
星期六：英语　　星期六：数学

第 9 章

冲刺阶段：
百发百中的复习规划和各科复习方法

 高考复习是时间与学习量的博弈

备战高考,关键在于用有限的时间毫无遗漏地掌握所有必学内容。要考上理想学校所需要的分数是固定的,学习量也是固定的。所以备考就是要看如何在考前有限的时间内掌握更多的内容,可谓时间与学习量的博弈。

以下是在假设"报考文科专业,共参加五个科目的考试,从高二学年的 10 月 1 日[①]开始复习"的情况下,孩子应该如何备考的具体介绍。

★第 1 步 购买目标学校的"红宝书"

在开始准备高考之前,谁都不知道必须把哪些知识学到什么程度才行。如果随手拿起一本参考书,从第一页开始看,那么肯定会半途而废。

---

① 日本学校的学年始于 4 月 1 日,因此 10 月 1 日基本上相当于第二学期刚开学时。

我的孩子们准备高考复习的第一件事就是做历年试题。

已经确定报考哪所大学的孩子可以直接买来这所学校的"红宝书"①，从中摸索该校的命题风格。如果尚未确定报考哪所大学，也可以多买几本候补学校的红宝书。对自己来说可能难度比较大的学校的红宝书也可以买来参考。即使在初中阶段就把红宝书买来参考，也不算为时过早。

不要凭空地想象目标学校的情况，必须着眼于眼前实际存在的这所学校的历年真题。另外，家长不用替孩子决定买哪所大学的红宝书，把选择权交给他们自己就好了。

虽然翻开红宝书时可能会发现，里面收录的历年试题全都是孩子根本不会做的，但他们可以由此体会到，高考试题都是现在所学内容的延伸。

对高二学生来说，就算数学题和理科题看得一头雾水，语文题和英语题肯定多少会有一些自己会的，那就先来做做看。

知道了"试卷的单词量""长篇阅读理解的难度""古文语法应该学到什么程度"等问题，自然就会对自己需要学什

---

① 指日本的世界思想教学社每年出版发行的各大学及各专业的历年升学考试真题集，因为封面都是统一的红色，所以在考生之间被俗称为"红宝书"。

么、怎么学心中有数了。

"知己知彼，百战不殆。"通过第一步，我们可以了解对手，也了解自己所处的位置。这一阶段还不用埋头做题，可以先抱着调研的心态做做看。

★第2步 算一算离高考还有"多少分钟"

接下来，孩子可以算一下，从现在距离高考还有多长时间。

例如中心考试一般都是在后年的1月份举行，我们就可以用计算器算出考前还有多少天。用算出来的天数乘以24小时，再乘以2/3，就能得出睡觉以外的时间。接下来，再去除包括来回路上在内的上学时间（8小时）以及吃饭、洗澡的时间（1小时），剩下的就是可以用来学习的时间。最后还有最关键的一步：用前面得出的小时数乘以60，算出还有"多少分钟"。这样得出的数字会更具有现实感。

用这个时间除以目标学校入学考试的答题时间，还能算出接下来的时间里一共可以做多少遍历年试题，得到一个参考量。当孩子发现剩余时间并没有想象的那么多时，就会产生紧迫感，激发学习的斗志。记得二儿子曾经在高三的暑假还丢下功课跑出去玩，我便用计算机算出距离考试还剩下多少时间给他看。

★第3步 制定学习计划

下一步是制定学习计划。

学习计划是备考复习的核心。

考试日期是固定的，不会因为任何人"复习不够充分，最好还能再有一个月"的愿望而延后。算出了距离考试还有多少天，就可以知道每天需要学习多长时间。

开始复习的时机"越早越好"，最早的一天就是今天。越往后拖，剩下的时间也越少。考上理想学校所需要的学习量是不变的，复习开始得越晚，每天的学习量就越多。

高二学生的可支配时间计算示例

（假设复习期间为高二的 10 月 1 日到后年 1 月 11 日）

468（天）× 24（小时）= 11232（小时）
11232 × 2/3 = 7488（小时）　7488 −（9 × 468）= 3276（小时）※1
3276（小时）× 60（分钟）= 196560（分钟）
以上便是可支配时间（分钟）。

196560（分钟）÷ 120（分钟）= 1638（次）※2
以上是根据可支配时间换算出的能够解答历年试题的次数。

※1 暑假等长假期间也同样按照上学期间的公式计算。
※2 这里是采用东京大学二次考试的英语考试时间计算的。

我在前面也介绍过,并非所有考生都适合短期冲刺式复习,这种方式给孩子的负担比较大。

知道所需的学习量,可以把它分摊到每个月,再落实到每一天,这样就能决定每一天的学习内容了。

不要让孩子等放学回家后才开始想"今天复习什么",**最好能在放学回家的路上就想好"今天要复习这项和那项"**(否则孩子到家后磨蹭一会儿,刷刷手机,一转眼的工夫,一个小时就过去了)。

备考复习也相当于一个项目,目标是"无论如何也要在考前把成绩提高到录取线以上"。不制定好计划,只想着"努力学""废寝忘食地学"是最笨的学习方法,也是根本不现实的。

 **提前复习完英语或数学,高三更轻松**

高二学年结束前把英语或数学中的一科大致复习完一遍,就能更轻松地迎接高三了。我觉得可以先选自己擅长的一科集中复习。这样到高三时,已经复习完了一科,便可以把全部精力集中在另一科上。而如果到了高三时发现,英语单词和长句还不会,数学题也做不好,孩子就会先乱了阵

脚,无法安下心来复习。

下面是我模拟的一份在高二结束前把英语都复习完所需要的每周日程。假设从 17 点回家到 24 点睡觉之间,除了吃饭和洗澡以外的 4 个半小时全都用于学习。

准备一本笔记本,写上计划安排,就可以知道自己每天该做什么,不会迷茫或焦虑了。

高二学生回家后到就寝前的学习时间表

以 10 月 2 日(星期一)～8 日(星期日)为例	
17:00	到家
-19:00	晚饭
19:00-19:30	英语语法
19:30-20:00	英语单词(50 个)
20:00-20:30	语文、长篇阅读理解题 1 道
20:30-21:00	休息、洗澡
21:00-21:30	英语语法
21:30-22:00	语文、文言文语法
22:00-23:30	学校作业、预习和复习
23:30-24:00	休息、为第二天做准备
24:00	就寝

※ 这是到高二学年结束前复习完英语的学习计划。
※ 为了转换心情,其中也加入了其他科目(此处为语文)。
※ 该计划需要连续实行一周。
※ 最初把时间安排得宽松一些,更容易坚持下来。
※ 在这份计划的基础上,再加入周末复习文言文或学校所学内容,可以使整个复习过程更加顺利。
※ 家长应该帮助孩子根据自身情况,制定出更愉快、更轻松的复习计划。

 先从英语语法开始，一套习题集买三本

以下是先从英语开始复习的方法。

首先可以先把英语语法巩固好。

同样的习题集可以一次买来三本，做三遍。最好是选择大家评价好一些的习题集。

第一遍可以单纯抄答案

做习题时，有很多人希望能不看答案，完全靠自己的努力把题解出来，但是第一遍基本全都不会，所以可以索性把答案摆在旁边，直接抄到题目下面。

这种方法可以利用习题集在抄写答案的同时学习题目涉及的内容。语文、社会和理科都可以使用这种"读习题集"的方法。

在这个过程中，一定不要把习题中出现的生词单独挑出来记在单词本上。现在的目的是学习语法，所以必须集中精力不断前进，把一整本习题集做完。做题时看到自己不会的单词，只要把它圈出来就够了。最好能以 3 个月为目标，争取把习题集做完一遍。

第二遍抄一半自己做一半

第二遍可以不看答案自己做，可当作一半解题，一半阅读。虽说已经抄写过一遍答案，但也未必就能达到自己答题的水平。不过不要担心做错，尽管做下去。有很多孩子过度担心做错题，但是人都会犯错或遗忘。学习时完全可以放松心态，只要高考当天别做错就行了。第二遍大约用 2 个月时间做完一遍。

第三遍正式答题

到了第三遍，终于可以开始正式答题了。这一遍要留出一个月左右的时间完成。

 每天 50 个高频单词，可以听着 CD 背

高考必须掌握的英语单词约有 2000 个，还有一些在此基础上的衍生词。可以在英语语法和长篇阅读理解的学习间隙来背单词。

跟着 CD 朗读

可以买一些附带高考高频单词朗读 CD 的参考书。

和平假名、汉字一样，英语单词的学习也要从会读开始。就像我们写不出自己不会念的汉字一样，不会念的英语单词也拼不出来。

跟着书后附带的 CD，每天大约朗读 50 个单词。如果 CD 中还附带日语释义，可以直接忽略，不用特意去记。

增加单词量

每天 50 个单词的话，40 天就能读完 2000 词。接下来可以再读一遍，每天读 100 个单词，用 20 天完成。第二遍也是一样，以出声朗读为主，不要还想着顺便记住单词的含义。听 CD 还可以锻炼听力。朗读英语单词的过程很枯燥，妈妈也可以在一旁帮孩子确认。

对照释义

2000 个单词的读法都记住了，最后再来查看它们的释义。

这个方法之所以效率很高，是因为它完全符合人的心理特点。人在遇到会念但不知道是什么意思的词时，会产生想了解其含义的动力。急切希望知道含义的时候,含义就会在大脑里留下深刻的印象。

这一步的关键是只记一个日语释义。在词典里,有时一个单词会有五六种释义,要全部记下来的话非常费时费力,所以只记住第一个就好了。**英语单词即使有多个释义,整体概念也只有一个**。只记住这个概念,就能提高阅读的能力。

像这样,可以每天记住 50 个单词的释义,背完一遍后再返回来重复一遍。

单词本身不容易记住,可以在语法的例句、长篇阅读理解等处留意自己背过的单词,反复多次遇到的经验可以帮孩子把单词记得更牢固。

数学从数学 II 开始,最初只抄答案就 OK !

五科目考试的文科高考数学包括数学 I 和数学 II[①]。我的孩子们都说,与偏理论的数学 I 相比,实操性较强的数学 II

[①] 日本高中阶段数学课的授课内容按照年级不同分为数学 I 、数学 II 和数学 III,文科高考的出题范围只包括数学 I 和数学 II 。

更易于理解，所以可以从数学Ⅱ开始复习。

可以先买来合适的习题集。不太擅长数学的孩子选择薄一些的习题集会更好。如果是直接在上面答题的话，就一次买来三本，做三遍。

做数学题的步骤也和英语一样，最初可以边看答案边把它直接抄写在题目下面。

第一遍像抄经书一样把答案抄上即可。从第二遍、第三遍开始做题，每次可以更换不同颜色的笔记本，起到调节心情和提升动力的效果。

最好尽量在高三暑假开始前攻下数学Ⅰ和数学Ⅱ。

如何安排高三的暑假

暑假时间充裕，是学习的最佳时机。

孩子可以利用这段时间来复习之前学过的知识，有余力的还可以做历年试题。

参加辅导班的暑期集训也是不错的选择。

从开始高考复习时就参加升学辅导班，不仅可以从其他考生那里得到激励，提高学习的动力，还能获得在学校得不到的信息。

不过需要注意的是，参加辅导班这件事本身可能会让孩子感到满足，产生错觉，误以为自己的成绩在不断提高。

正如用马克笔在参考书上划线实际上对大脑记忆知识没有任何帮助一样，**只靠在辅导班听老师讲课，并不能提高成绩**。

参加辅导班除了听老师讲课，还必须完成老师布置的作业，而且也需要自己主动做题。将被动学习转化为主动学习，才是提高成绩的唯一窍门。

 社会可以从秋天开始复习

大家一般都认为社会是需要死记硬背的科目，但其实人是无法同时记住大量知识的。复习可以先从熟读课本开始。女儿高考时选择的科目是"世界史"，山川出版社的世界史经典教材文字非常优美，把这一本完全掌握好，中心考试就万无一失了。

从高三的秋天开始复习社会也不晚。

"文化"往后放，先梳理"政治"知识点

"希腊文化""文艺复兴"等文化类内容可以暂且推后，先从"政治"类知识点开始。复习时可以从亚洲或欧洲等自己喜欢的地区开始。按时代划分的话比较复杂，记忆难度会更大。

我的女儿是从欧洲开始复习的。因为她觉得欧洲最复杂，留到后面怕压力太大。擅长汉字的学生或许也可以从中国史开始复习。

女儿是按照欧洲→印度→非洲→东南亚→中国和韩国的顺序复习的。她从"一问一答"式的习题集中专门找出欧洲的章节来背。把"政治"方面的知识点大致背完一遍之后，再在这个基础上加入"文化"类内容。使用只涉及文化类知识点的一问一答式的习题集更有助于单项复习。

这种复习方法也适用于"日本史"和"地理"。

这一部分从秋天开始复习，最好在年内完成。

所有科目都是如此。我曾经嘱咐孩子们，**"在新年的钟声敲响前，把所有高考科目都复习完"**。

 语文的复习方法

语文可以从高二的秋天开始复习,穿插在其他科目之间作为一种"放松"。

文言文要先巩固语法。

孩子们必须掌握的文言文词汇大约有 200 个。我曾经帮不擅长文言文的二儿子做过词汇本,帮助他把这些词都记下来。我在 A4 活页本的每一页上写下一个文言文词汇,让他看着说出含义。答案由我拿在手里。

小女儿复习时,**我买了两本相同的文言文词汇习题集,我和女儿各拿一本,她回答我来看答案**。文言文词汇的背诵很枯燥,可以利用碎片时间进行,或者安排在周末,或者每周一、三、五,隔一天背一些。

每次记住几个文言文词汇,以及妈妈的帮助都可以缓解文言文的复习压力。

现代文则需要多做中心考试的历年真题或模拟试题。

文言文出题范围小,需要记忆的知识点也不多,所以短期内就能攻克。例如利用高二 10 月和 11 月的周末就能复习完。所以早些开始复习,也可以减少后期的负担。我的孩子

们在复习时都使用了《文言文速记速答法》(田中雄二著,学研市场)。

 **议论文要遵循出题思路,放下自己的观点**

要提高语文议论文、小说等长篇阅读理解题的分数,可以多做一些中心考试历年试题中的语文长篇阅读理解题。中心考试的历年试题对东京大学的二次考试也很有帮助。中心考试历年试题的参考答案非常简洁,不是叙述形式的,也很方便考生学习如何回答同类问题。

在做议论文的阅读理解题时,要遵循出题人的观点去思考问题。即使不认同出题人的观点,考试时也必须暂时放下自己的想法。做中心考试的历年真题,也能提高按照出题人的思路回答问题的能力。

 理科的复习方法

理科的复习与英语相同,也要把习题集做三遍。

购买三本相同的习题集(不擅长理科的孩子可以选择薄一些的习题集),第一遍把答案直接抄写在题目下面,也就是前面说过的抄书式解题。从第二遍和第三遍开始自己做题,第二遍争取能够做对一半,到了第三遍再全部独立完成。

如果是在笔记本上答题,可以每一遍都换用不同颜色的笔记本,这样能起到调节心情和提高动力的效果。

如果做完三遍还觉得没有完全掌握,可以再做一遍。

 从秋天开始做历年真题

从秋天开始就应该开始做目标学校的历年真题了。真题可以在书店或网上买到,把理想学校的真题找到的越多越好。

所有试题都要按科目来做。第一遍可以不规定时间,只

挑会做的题做。如果有余力,可以从第二遍开始在规定时间内答题。

如果真题试卷的字号太小,也可以放大复印后再让孩子做。

- 复印机对高考复习很有帮助。如果家里有一台就更方便了,因为每次需要复印都要去复印店也会浪费很多时间。

 **高考题只是换了个形式的基础题**

高考题一般可以分为两类。一类是"常见题目",另一类是"不太常见的题目"。

复习的关键在于确保答对"常见题目"。"不太常见的题目"大多数都比较难,如果要连带这类题目一起复习,负担就会很重。所以可以看孩子的情况,在有余力时再做。

另一方面,因为"常见题目"并不难,所有的考生都会做,所以千万不能在这类题目上丢分。

要百分百拿下"常见题目",还是需要打牢基础。

高考题实际上只是换了个形式的基础题。**如果换个花样就不会做了,说明孩子对题目的理解还不够充分**。只要吃透基础题，不论从什么角度变什么花样都能答对，孩子就有希望考上他理想的大学了。

 **"放弃"的重要性**

在备考过程中，学会"放弃"也很重要。

也许有人担心在每一分都很关键的高考复习中"放弃"一部分会影响成绩，其实这也是推进复习的一个技巧。

根据要放弃的对象的大小，"放弃"也有不同的方法。

比如，我的孩子曾经把整整一门考试科目都放弃了。那是在三儿子准备小升初考试时，考虑到他想考的滩校考试科目只有"语文、数学、理科"，加上那年夏天他的第二志愿学校也开始允许只参加这三科考试，所以我们马上决定放弃"社会"，在其他三科上赌一把。少学一门科目，辅导班要上的课程就少了一门，这一科的测验和作业也都可以置之不理，这样孩子的学习负担一下子轻了不少，留给其他科目的时间也变多了。

在中学期间的期中、期末考试复习时，也可以采用"放弃"一门科目的办法。如果感觉英语和数学都不太有把握，可以先放弃其中一门，集中精力学习另一门。然后等这一门科目的成绩上来以后，再在下次考试前重点复习另外一门。对重视学期成绩的公立中学和打算通过推荐上大学的孩子来说，这种方法可能不太合适。不过对于初高中六年一贯制中学的学生来说，他们可以用六年的时间从整体上提高能力，这个方法还是很有效的。

除此之外，还有小规模的放弃，指"这一周只学数学（放弃其他科目）""在考试做错的题目当中放弃三道"等。

决定放弃之后，就不要再瞻前顾后，只要集中精力把自己选择的项目学好就行了。

或许有人要问，那要什么时候再把放弃的科目捡起来呢？其实不必刻意惦记着这件事，在继续复习的过程中肯定还会遇到之前放弃的部分。如果那时有能力复习就把它捡起来，如果没有能力就继续放弃，把精力集中在自己肯定能学会的题目上。

在一些人心中，"放弃"是一个消极的词，但这个办法有助于简化大脑记忆内容、能够更有效地利用时间，是值得推荐和尝试的。

 备考不需要"手机""恋爱"和"求神拜佛"

高考最大的敌人是手机。

我觉得把手机称为恶魔也不算过分。

我平时也会使用手机,但如果用手机上网浏览新闻,看到某位明星结婚的消息,心想这个人我怎么不认识啊,于是就去搜索相关信息……然后又在另一篇新闻中看到一个新词儿又去搜……这样的网上冲浪一旦开始就没完没了。看手机的时间要比实际感受到的时间流逝快得多,眨眼之间几个小时就过去了。

如果是大人为了娱乐和休息看看手机倒也没什么,但对于未来充满无限可能的未成年人来说,必须认识到:手机是一种可怕的机器,它会无限度地夺走孩子们的宝贵时间。

此外,手机聊天也很浪费时间。和学校的朋友聊起来你一言我一语,非常容易分散注意力,也会占用学习的时间。

另一方面,手机也有优点。

例如孩子可以用手机把英语单词、文言文词汇等需要背诵的内容照下来,方便在上下学路上看。手机还能用来搜索世界历史上的著名人物的图片做参考,搜索之后马上就能看到图片，非常便捷。

综合以上这些优点和缺点，我与女儿在备考期间对手机的使用约法三章：

①回家后关闭手机，将手机放进书包底部。

②"世界史"等科目有需要查阅的资料，可以使用妈妈的手机查阅。

③就寝前打开手机，回复朋友们发来的消息。

即便如此，孩子还是可能趁家长不在时偷偷用大人的手机看视频，所以家长还要考虑设置锁屏密码等对策。

在使用手机的问题上，应该由家长掌握主导权，和孩子一同找到解决方案，别让手机成为高考落榜的罪魁祸首。

 有功夫谈恋爱，不如挑战更好的学校

高考的另一个敌人是恋爱。很多人说到我，第一印象就是"宣称高考不需要恋爱而引发舆论争议的那个人"，其实我已经解释了很多遍，但还是被误会。我并不是说"人生"不需要恋爱，只是"考"不需要恋爱而已。

假设孩子用一年的时间来备考。那么他除了睡觉和生活

的时间，能用来学习的时间其实是非常有限的。他在这一年里必须把看电视、玩游戏等的时间都让给学习，否则就达不到考上理想的大学所需要的分数。现实就是这样。

我之所以说备考期间尤其不能谈恋爱，是因为电视、游戏等娱乐项目都可以由自己决定，想关掉开关时马上就可以停止，而恋爱的对象是人，就完全不是一回事儿了。

如果对方说想见一面，孩子可能就会放下功课出门，这样太浪费时间了。我觉得孩子完全可以等到高考结束以后尽情地谈恋爱。

除了备考以外，在参加比赛或其他重要工作项目时，人们在一段时间内集中精力做好一件事也没什么不好。所以我建议孩子不要拖拖拉拉地准备高考，如果有谈恋爱的精力，不如提高难度，报考更好的大学。从长远来看，这样做的收获会更大。

此外，高考也不需要求神拜佛。日本的高考在冬天举行，要是去神社寺庙求神佛保佑时着了凉就得不偿失了。听说有的妈妈专程做了百次参拜，我觉得这些时间还不如在家辅助孩子学习，或者给孩子做一顿热乎乎的晚饭。如果一定要求神拜佛的话，最好在高二学年结束前就做好。进入高三后需要护身符等物品，可以由家长或爷爷奶奶替孩子去求。

要想在高考中获胜，与其去吃炸猪排①，不如多做题。哪怕多做一道题，也能拉近考生和他心仪的学校之间的距离。

---

① 日语里的"炸猪排"和"（比赛、考试等）获胜"同音，所以经常有人为了吉利而在高考前等重要时刻去吃炸猪排。

后 记

那是在小女儿上高中时。

听说有一次,她与辅导班的一位女老师聊天,老师问她:

"你长大以后想做什么啊?"

老师知道女儿的几个哥哥都去读了医学院,以为她肯定也会回答"想当医生",没想到女儿却说:

"我想当家庭主妇。"

这个回答让老师非常意外,她追问为什么,女儿笑着说:

"因为我看到妈妈当家庭主妇当得特别开心。"

听说这件事儿,我也忍不住笑了出来。确实,我养育四个孩子的过程非常快乐。

孩子还小的时候,我总是因家务和育儿忙得不可开交。有时看到家里乱成一团,我也曾经为自己做家务的能力不够强而失落和难过。

不过，在这种情况下，我仍然很重视一件事，就是听到有孩子喊"妈妈"，即使手头的家务还没做完，我也会马上赶到他的身边。因为有一次，我正在厨房洗碗时听到孩子喊我，告诉他"等我忙完了就过去"，结果偶然回头时，看到孩子无奈又伤心的表情。

于是我便告诉自己：孩子依赖妈妈的时期其实是很短暂的，所以我要尽量陪在他们身边。从那以后，只要听到孩子叫我，就算我正在晾衣服，也会放下手里的衣服去陪着他们。

有时候陪孩子玩够了再回来一看，晾衣篮里的衣服已经半干了，还有一股难闻的味儿，只好再洗一遍……这样的事发生过好多次，但我并不在意。

我只在有空时收拾厨房。由于家务总是排在给孩子辅导功课之后，厨房经常来不及收拾，但我觉得这又有什么关系呢。

前几天，我在电视上看到一个介绍"大马哈鱼的一生"的节目。

大马哈鱼在河里出生，在海里长大，之后又要回到河里产卵。产卵之后，它们的一生也就结束了。我看了不禁敬佩它们的气节和洒脱。把孩子带到世上，就果断退出，毫无留恋，让人感受到生物的美学。我想，家长在孩子 18 岁之前拼尽全力把他们抚养长大，之后就让他们自由地选择自己的人生。这或许是人类育儿的美学吧。

我开始参加一些节目之后，很多人称我为"妈妈专家""育儿导师"等，但我一直把自己定位为孩子们的幕后支柱，也就是"黑子"①。

当孩子感到担忧时，遇到困难时，下意识地环望四周，他会看到妈妈正微笑着站在不远处，只要他需要，随时都能马上奔过来帮助他。

这就是我心目中理想的妈妈。

如今，我的大儿子和二儿子已从医学院毕业，当上了实习医生。三儿子和女儿在东京享受着大学生活。

现在家里没了经常喊"妈妈"的孩子，多少有些寂寞，所幸能得到多方的邀请，我也愿意继续把自己的经验分享给为了孩子学习和备考而苦恼的妈妈们，为她们加油打气。

无论是养育孩子，还是陪孩子备考和学习，都不能只靠吃苦的毅力来比拼。只有家长和孩子都乐在其中，每天都面带笑容，努力才能收获成效，这段时光才能成为美好的回忆。

---

① 日本歌舞伎、净琉璃等演出中的幕后人员，以隐形人的身份负责搬运道具、协助演员等工作，因为穿着黑衣而被称为"黑子"。

我想本书的读者应该都是正在养育孩子的家长们，请大家一定珍惜这段宝贵的时光，陪伴在孩子身边，和他们共同前行。

出版后记

最近网络上经常能看到一个新词——"恐辅症",形容父母在给孩子辅导作业时容易情绪失控的现象。据说现在有八成的父母都得了"恐辅症",因给孩子辅导作业而气得心梗甚至住进 ICU 等"段子"也层出不穷。

这足以说明很多家长对孩子的学习十分苦恼。自从孩子降生开始,父母就踏上了一条既有鲜花也满是荆棘的征程。父母因为孩子的天真可爱而无比幸福,同时也殷切地希望他们快乐成长的同时,能在学习方面不断进步、有所成就。

要培养一个孩子健康成长,学有所成,父母的责任绝非"重大"二字就可以概括的。尤其是孩子学习和成长的最关键时期转瞬即逝,一旦错过便很难补救,因此父母养育孩子的态度和方法,常常是决定孩子今后人生的最重要问题之一。

其实任何一种经验都很难适用于所有人,毕竟每个孩子都是独特的,只有最适合的才是最好的。让孩子愉快轻松地考上理想的大学是所有家长最大的梦想，正如本书作者佐滕亮子女士不仅把三个儿子和一个女儿都送进了日本最难考的东京大学医学部，还在回顾那段经历的时候写道"养育四个孩子的过程非常快乐"。希望她的经验也能带给您一些启发，帮助您和您的孩子在学习和备考时乐在其中，每天都面带笑容，让亲子相伴的这段宝贵时光成为美好的回忆。

服务热线：133-6631-2326　188-11142-1266
读者信箱：reader@hinabook.com

后浪出版公司

2019 年 10 月

图书在版编目（CIP）数据

最好的学区房是你家的书房 /（日）佐藤亮子著；程雨枫译. -- 南京：江苏凤凰文艺出版社，2020.3（2021.3重印）
ISBN 978-7-5594-4208-6

Ⅰ.①最… Ⅱ.①佐… ②程… Ⅲ.①家庭教育 Ⅳ.① G78

中国版本图书馆 CIP 数据核字 (2019) 第 263616 号

3 NAN 1 JO TODAI RI III GOKAKU HYAPPATSUHYAKUCHU ZETTAI YARU BEKI BENKYOHO
Copyright ©RYOKO SATO, GENTOSHA 2017
Chinese translation rights in simplified characters arranged with GENTOSHA INC.
through Japan UNI Agency, Inc., Tokyo

本书中文简体版权归属于银杏树下（北京）图书有限责任公司。
版权登记号：10-2019-549

最好的学区房是你家的书房

［日］佐藤亮子 著　　程雨枫 译

责任编辑	王　青
特约编辑	郎旭冉
装帧制造	墨白空间
出版发行	江苏凤凰文艺出版社
	南京市中央路 165 号，邮编：210009
网　　址	http://www.jswenyi.com
印　　刷	北京汇林印务有限公司
开　　本	889 毫米 ×1194 毫米　1/32
印　　张	7
字　　数	116 千字
版　　次	2020 年 3 月第 1 版
印　　次	2021 年 3 月第 5 次印刷
书　　号	ISBN 978‐7‐5594‐4208‐6
定　　价	42.00 元

江苏凤凰文艺版图书凡印刷、装订错误，可向出版社调换，联系电话：025-83280257